회계원론

한국채택국제회계기준(K-IFRS) 반영

Korean International Financial Reporting Standards

연습문제 해답집

5판

고완석 지음

율곡출판사

차례

Fundamental Accounting solutions

fifth edition

Contents

I 총론 : 회계시스템과 재무제표

Fundamental Accounting part one

II 각론 : 재무제표 요소의 회계

Fundamental Accounting part two

III 회계정보의 분석과 활용

Fundamental Accounting
part three

제 1 장 경제사회와 회계정보

객관식

01. ② 합자회사 : 유한책임사원과 무한책임사원이 공존

③ 유한회사 : 유한책임사원만으로 구성

④ 주식회사 : 소유주인 주주는 유한책임을 짐

정답 ①

02. 합자회사에서 업무집행과 대표행위는 무한책임사원만이 할 수 있고, 유한책임사원은 두 행위 중 어느 것도 할 수 없다.

정답 ①

03. ① 유동성(liquidity) : 현금으로의 전환이 쉽고 빠른 정도를 의미함.

③, ④ 신뢰성(reliability)과 유용성(usefulness)은 정보의 가치와 관련된 것이다.

정답 ②

04. 그 기업의 주주이자 다른 기업의 경영자(④)는 당해 기업의 외부이해관계자이지만, 그 기업의 주주이자 경영자(③)는 외부이해관계자가 아니라 내부인이다.

정답 ③

05. ① 경영성과에 연계한 보상, ② 재무제표의 작성과 외부보고, ③ 경영성과 보고서의 외부감사는 모두 경영자의 도덕적 위험을 감소시키려는 데 그 목적이 있다. 그러나 ④ 경영자 책임하의 통제시스템 강화의 주목적은 경영자가 아니라 종업원의 도덕적 위험의 감소이다.

정답 ④

06. 관련 기업의 재무상태, 연구개발비, 경영성과는 모두 기업의 외부이해관계자가 필요로 하는 회계정보에 속하지만, 관련 기업의 특허 수(④)는 회계정보가 아니라 기술수준과 관련된 비회계정보이다.

정답 ④

07. ① 회사채, ② 국채, ③ 공채는 모두 채무증권이지만, ④ 주식은 지분증권이다.

정답 ④

08. 다른 여건이 동일할 때, 채권의 표시이자율이 높아지거나 시장이자율이 낮아질수록, 채권의 발행가격 또는 발행된 채권의 시장가격은 높아진다.

정답 ①

09. 만기일, 이자율, 원금, 대여조건은 모두 대차계약에서 중요한 사항이므로 명확히 결정해야 한다.

정답 ④

10. 자본시장(②)은 발행시장을 포함하는 개념이다. secondary market(③)과 유통시장(①)은 서로 동일한 개념으로, 이차적 시장이다.

정답 ④

11. 재무제표 등 재무정보가 유용하기 위해서 지녀야 할 (근본적) 속성은 목적적합성, 충실한 표현이다. 독립성, 감사인과 경영자 사이의 의견 일치성은 감사의견의 결정 기준이 되는 것이다.

정답 ②

12. GAAP이란 Generally Accepted Accounting Principles의 약자로서 일반적으로 인정된 회계기준 또는 회계원칙(②)이다. 일반적으로 인정된 회계감사기준(①)은 GAAS (Generally Accepted Auditing Standards)라 한다. 일반적으로 인정된 관리회계기준(③)이라는 말이나 일반적으로 인정된 감사인 자격기준(④)이라는 말은 없다.

정답 ②

13. 경영자의 도덕적 [a 위험]의 상존 가능성으로 인하여 재무정보의 [b 신뢰성] 문제가 대두되고, 이는 재무정보가 정보로서 지녀야 할 [c 유용성]에 중대한 위협이 된다. 신뢰성은 유용성을 구성하므로, 논리상 유용성 문제는 신뢰성을 위협할 수 없다. 따라서 "① 위험, 유용성, 신뢰성" 은 답이 될 수 없다.

정답 ③

14. "감사인과의 의견일치" 는 감사의견 표명과, "독립성" 은 감사인 자격과 관련되고, 경영자는 "공시내용의 무결성(무오류성)" 을 주장하는 것은 아니므로, ①, ②, ③은 (비록 실재성, 권리와 의무 등은 재무제표에서 함의되고 있는 경영자 주장에 속하지만) 답이 될 수 없다. 따라서 답은 "④ 평가의 적절성, 완전성" 이다.

정답 ④

15. 감사범위의 제한이 중요하면 한정의견이, 매우 중요하면 의견거절이 표명된다. 따라서 답은 "③ 한정의견, 의견거절" 이다.

정답 ③

제 2 장 회계시스템의 원리와 회계순환 : 기중 회계

객관식

01. ①은 재무상태표의 종전 명칭. 재무상태표는 특정 시점에 있어 기업의 재무상태(②), 즉 자산, 부채, 자본의 상태에 대한 보고서(⑤)이다. 기업의 재무성과를 보여주는 것은 포괄손익계산서이다.

정답 ④

02. (협의의) 자본은 자기자본을 말하고 이는 소유주가 투자한 것(자본금, 자본잉여금)과 기업(회계실체)이 획득하여 내부에 유보한 이익(이익잉여금)으로 구성되므로, ①, ②, ④는 옳다. 자기자본은 소유주(주주)의 청구권을 나타내고 타인자본은 채권자의 청구권을 나타내므로 ③도 옳다. 조달된 자금이 운용된 것은 자산이므로 ⑤는 그르다.

정답 ⑤

03. 차입 당시 '건물' 은 아직 구입되지 않아서 자산으로 인식될 수 없다. 그리고 분개는 구체적 계정 명칭(기업의 계정 목록에 열거된 것)을 사용한다. "자산" 과 같은 분류 명칭은, 특별한 목적(이를테면, 예시 목적) 이외에는 일반적으로 사용하지 않는다.

정답 ③

04. 차변은 영어로 Dr., Debit, Debtor이다. 자금의 원천(sources)에 대한 정보, 즉 부채와 자본은 재무상태표 계정의 대변(오른쪽) 잔액에 나타난다. 따라서 ①, ③, ④, ⑤의 진술은 모두 옳고, ②만 그르다.

정답 ②

05. 분개(Journal Entry) : 재무상태에 영향을 주는 경제적 사상(事象)을 분석하여, 회계의 기본 등식 원리(자산 = 부채 + 자본)에 따라 체계적으로 기록하는 것이다. 분개는 차변(왼쪽)과 대변(오른쪽)을 이용한다. 수익의 발생은 자본의 증가에 속하므로 대변에 기록되고, 그 결과인 자산의 증가(또는 부채의 감소)는 차변에 기록된다. 따라서 ①, ②, ③, ⑤의 진술은 모두 옳고, ④만 그르다.

정답 ④

06. 보기 ⑤의 앞 부분(재화 구입부터 시작하여 산출물 판매까지)의 기간은 영업(순환)주기(operating cycle)으로서 회계순환과는 아무 관계가 없다.

정답 ⑤

07. 시산표는 장부라기보다 일람표이며, 따라서 "시산장" 이라는 용어는 없고, 시산표 작성은 원장 전기 후의 일이다. 분개장은 분개가 이루어지는 장부이다.

정답 ④

08. 회계순환과정(Accounting Cycle) : 분개 → 전기 → 각 계정잔액의 산출 → 시산표 작성 수정(분개 및 전기) → 수정후 시산표 작성 → 재무제표 작성. ②는 나중 두 단계, ③은 처음 두 단계의 순서가 바뀌었고, ④는 세 번째 것이, ⑤는 두 번째 것이 맨앞으로 와야 한다.

정답 ①

09. "주식발행" 은 행위이지 계정 명칭으로 부적절하다.

정답 ②

10. ④의 차변에 있는 "임차계약금" 이라는 말은 계정이 될 수 없는 말이다. 여기 보기에는 없지만, 실무상, "차변) 임차료 24,000 대변) 현금 24,000" 은 기말에 수정분개로써 수정을 한다는 전제하에 가능하다.

정답 ③

기초문제

01. ◈ 제한시간 : 5분

	자산	=	부채	+	자본
① 제공한 서비스에 대해 현금을 받다.	+		0		+
② 소모품을 외상으로 구입하다.	+		+		0
③ 종업원에게 급여를 지급하다.	−		0		−
④ 배당금을 현금으로 지급하다.	−		0		−
⑤ 각종 비용을 현금으로 지급하다.	−		0		−

02. ◈ 제한시간 : 5분

	계정성격	정상잔액
① 소모품	A	Dr.
② 단기차입금	L	Cr.
③ 용역수익	R	Cr.
④ 배당금	N	Dr.
⑤ 매입채무	L	Cr.
⑥ 급여	E	Dr.
⑦ 보통주자본금	N	Cr.
⑧ 매출채권	A	Dr.
⑨ 기계장치	A	Dr.
⑩ 단기대여금	A	Dr.

03. ◈ 제한시간 : 5분

총계정원장

현 금

8/10	3,000	8/19	1,000
8/25	1,400		
8/31 잔액	3,400		

매출채권

8/5	2,800	8/25	1,400
8/31 잔액	1,400		

용역수익

		8/5	2,800
		8/10	3,000
		8/31 잔액	5,800

임차비용

8/19	1,000		
8/31 잔액	1,000		

심층문제

01. ◈ 제한시간 : 10분

	자산	=	부채	+	자본
① 용역을 제공하고 현금을 수취하다.	+		0		+
② 사무기기를 외상으로 구입하다.	+		+		0
③ 종업원에게 급여를 지급하다.	−		0		−
④ 고객으로부터 외상대금을 수령하다.	+, −		0		0
⑤ 이 달치 전화요금을 지급하다.	−		0		−
⑥ 거래2의 사무기기에 대해 대금을 지급하다.	−		−		0
⑦ 사무용품을 외상으로 구입하다.	+		+		0
⑧ 배당금을 지급하다.	−		0		−
⑨ 은행으로부터 대출을 받다.	+		+		0
⑩ 고객에게 용역을 제공하고 그 대금을 청구하다.	+		0		+

02. ◈ 제한시간 : 15분

	차기 계정		대기 계정	
거래 번호	유 형	증감영향	유 형	증감영향
(1) (예 시)	자산	+	보통주자본금	+
(2)	자산	+	자산	−
			부채	+
(3)	자산	+	자산	−
(4)	비용	+	자산	−
(5)	자산	+	수익	+
(6)	부채	−	자산	−
(7)	자산	+	자산	−
(8)	배당금	+	자산	−

03. ◈ 제한시간 : 15분

	차변	대변
① 현금	25,000	
(보통주)자본금		25,000
② 소모품	500	
미지급금		500
③ 비품(사무기기)	6,000	
현금		3,500
미지급금		2,500
④ 매출채권	4,000	
용역(수수료) 수익		4,000
⑤ 임차료	700	
현금		700

⑥ 미지급금	250	
현금		250
⑦ 광고비	500	
미지급비용		500
⑧ 급여	2,500	
현금		2,500
⑨ 배당금	1,200	
현금		1,200
⑩ 현금	3,000	
매출채권		3,000

제3장 회계순환 : 기말 결산회계

객관식

01. 시산표에 열거된 계정잔액들의 차변합계와 대변합계는 항시 일치해야 한다. 나머지 ①, ②, ④의 진술은 모두 옳다.

정답 ③

02. 현금수취는 당연히 분개해야 할 거래이다. 선수금은 자산이 아니라 부채로서, 발생 시 대변에 기록된다. "용역의무" 는 부적절한 계정 명칭으로서, 쓰이지 않는 말이다.

정답 ②

03. ④의 차변에 있는 "임차계약금" 이라는 말은 계정이 될 수 없는 말이다. 여기 보기에는 없지만, "차변) 임차료비용 24,000　대변) 현금 24,000" 도 기말에 수정분개로써 수정을 한다는 전제하에 가능하다.

정답 ③

04. 20×1년 12월 31일이 결산일이므로, 수정분개는 기간경과분(4개월)의 선급임차료를 임차료 비용으로 바꿔 주어야 한다. 참고로, ③의 분개가 허용될 수도 있는데, 이것은 기중분개, 즉 앞 문제 3번에서의 분개를 다음과 같이 하는 경우에만 가능하다.

차변) 임차료비용　24,000　　대변) 현금　24,000

정답 ④

05. 소모품 잔액 ₩2,000을 ₩1,500으로 갱신해야 하므로, 일단 소모품 계정을 대기하여 ₩500 감소시켜야 한다. 그만큼 비용(소모품비용)이 발생되어 동 계정이 차기된다.

정답 ④

06. 진술 ① : 수익과 비용 계정잔액은 바로 이익잉여금 계정으로 옮기지 않고 (집합)손익 계정을 통하여 마감한다.

진술 ③ : 배당금 계정의 잔액은 집합손익 계정이 아니라 이익잉여금 계정으로 옮겨 마감한다.

진술 ④ : 비용계정의 잔액은 동 계정의 차변이 아니라 대변에 동일한 금액을 기입함으로써 마감한다.

정답 ②

기초문제

01. ◈ 제한시간 : 5분

갑천(주)

재무상태표(부분)

자산		
유동자산		
현금	₩18,400	
단기금융자산	6,200	
매출채권	14,500	
소모품	1,800	
선급보험료	3,400	
유동자산 합계		₩44,300

02. ◈ 제한시간 : 5분

	차변	대변	정상잔액
① 급여	+	–	차변
② 매출채권	+	–	차변
③ 용역수익	–	+	대변
④ 배당금	+	–	차변
⑤ 이익잉여금	–	+	대변

03. ◈ 제한시간 : 5분

수정전 순이익(₩9,200 – 5,300)		₩3,900
가산 : 선수수익의 실현	₩3,400	
미수수익(매출채권)의 발생	2,100	5,500
차감 : 감가상각비	₩300	
이자비용	600	
보험료 비용	300	(1,200)
당기순이익(수정후 순이익)		₩8,200

04. ◈ 제한시간 : 5분

① 시산표 합계 자체는 오류이나, 차변과 대변 합계가 불일치하지는 않는다.

② 시산표 합계 자체는 오류이나, 차변과 대변 합계가 불일치하지는 않는다.

③ 시산표 합계 자체는 오류이나, 차변과 대변 합계가 불일치하지는 않는다.

④ 시산표 차변과 대변 합계가 불일치하게 된다. 차변 열(column)의 합계가 대변의 그것보다 ₩90 더 크게 될 것이다.

05. ◈ 제한시간 : 5분

① 과소계상 ② 과대계상 ③ 과소계상

④ 과대계상 ⑤ 무영향 ⑥ 무영향

심층문제

01. ◈ 제한시간 : 20분

가람(주)

재무상태표

20×5년 12월 31일

자 산			
유동자산			
현금		₩2,600	
단기금융상품		1,000	
매출채권		1,500	
유동자산 합계			₩5,100
투자자산			
건물(미사용중)		9,500	
장기투자증권		400	
투자자산 합계			9,900
유형자산			
토지		₩10,000	
기계	₩7,500		
감가상각누계액—기계	4,000	3,500	
유형자산 합계			13,500
무형자산			2,500
자산 총계			₩31,000
부채와 자본			
유동부채			
매입채무			₩2,700
비유동부채			
장기차입금			7,500
부채 합계			₩10,200
자본			
자본금		₩4,800	
이익잉여금		16,000	
자본 합계			20,800
부채와 자본 총계			₩31,000

02. ◈ 제한시간 : 20분

① C ② G ③ H ④ E ⑤ G ⑥ A ⑦ D ⑧ A ⑨ F ⑩ B

03. ◈ 제한시간 : 10분

보람(주)

포괄손익계산서

20×5년 1월 1일 ~ 12월 31일

수익		
순매출액		₩1,279,000
비용		
매출원가	₩710,000	
물류원가	45,000	
관리비	239,000	
이자비용	68,000	
총비용		(1,062,000)
당기순이익		₩217,000

04. ◈ 제한시간 : 20분

1) 당기순이익 = ₩52,000

(= ₩145,000 - ₩21,000 - ₩12,000 - ₩3,000 - ₩17,000 - ₩34,000 - ₩6,000)

2)

이익잉여금, 1월 1일	₩12,000
가산 : 당기순이익	52,000
	₩64,000
차감 : 배당금	(15,000)
이익잉여금, 12월 31일	₩49,000

3)

압록(주)

재무상태표

20×5년 12월 31일

자 산		
유동자산		
현금	₩24,000	
매출채권	11,000	
소모품	4,000	
선급보험료	6,000	
유동자산 합계		₩45,000
유형자산		
기계	₩210,000	
차감 : 감가상각누계액—기계	(28,000)	182,000
자산 총계		₩227,000
부채와 자본		
유동부채		
매입채무	₩15,000	
미지급 급여	3,000	
유동부채 합계		₩18,000
비유동부채		
지급어음(차입금)		70,000
부채 합계		₩88,000
자본		
자본금	₩90,000	
이익잉여금	49,000	139,000
부채와 자본 총계		₩227,000

05. ◈ 제한시간 : 15분

	차기된 계정의 번호	대기된 계정의 번호
① 사업을 개시하기 위해 ₩90,000의 현금을 투자하다.	1	8
② 전자식 복사기 3대를 ₩400,000에 구입하다. 그 대금 중 ₩100,000을 현금으로, 나머지는 5년 만기의 6% 어음으로 지급하다.	4	1, 6
③ ₩5,000의 소모품(용지)을 외상으로 구입하다.	3	5
④ 복사를 해주고 현금 ₩7,000을 받다.	1	11
⑤ 라디오 방송광고를 ₩500을 주고 하다.	12	1
⑥ 위 ③번의 소모품 구입대금 중 ₩800을 지급하다.	5	1
⑦ 배당금 ₩1,500을 주주에게 지급하다.	10	1
⑧ 이 달치 임차료 ₩1,200을 지급하다.	13	1
⑨ 고객에게 복사를 해주기로 하고 ₩2,000을 미리 받다.	1	7
⑩ 복사를 해주고 그 대금 ₩450을 고객에게 청구하다.	2	11

06. ◈ 제한시간 : 25분

총계정원장

현 금

9/1	25,000	9/4	15,000
9/18	2,500	9/8	1,000
		9/15	1,400
		9/20	500
		9/30	750
9/30 잔액	8,850		

매출채권

9/30	1,000		
9/30 잔액	1,000		

선급보험료

9/15	1,400		
9/30 잔액	1,400		

배송트럭

9/4	40,000		
9/30 잔액	40,000		

미지급비용

		9/25	100
		9/30 잔액	100

미지급금

		9/4	25,000
		9/30 잔액	25,000

배당금

9/30	750		
9/30 잔액	750		

보통주자본금

		9/1	25,000
		9/30 잔액	25,000

임차료

9/8	1,000		
9/30 잔액	1,000		

용역수익

		9/18	2,500
		9/30	1,000
		9/30 잔액	3,500

급 여

9/20	500		
9/30 잔액	500		

전기료

9/25	100		
9/30 잔액	100		

눈깜짝 배송(주)

시산표

20×5년 9월 30일 (단위 : 원)

계 정	차 변	대 변
현금	8,850	
매출채권	1,000	
선급보험료	1,400	
배송트럭	40,000	
미지급비용		100
미지급금		25,000
보통주자본금		25,000
배당금	750	
용역수익		3,500
임차료	1,000	
급여	500	
전기료	100	
합 계	53,600	53,600

07. ◈ 제한시간 : 15분

1) 이자수익 ₩15,500

차감 : 미수이자 −5,300

현금 수령액 ₩10,200

이자로 수취한 현금 = ₩10,200

2) 소모품비 ₩8,700

차감 : 소모품(20×4년 말) −3,400

5,300

가산 : 소모품(20×5년 말) 5,000

현금 지급액 ₩10,300

소모품용으로 지급한 현금 = ₩10,300

3) 급료

급료		₩39,000
가산 : 미지급급료(20×4년 말)		3,800
		42,800
차감 : 미지급급료(20×5년 말)		−3,700
현금 지급액		₩39,100
급료로 지급한 현금 =	₩39,100	

4) 용역수익

용역수익		₩72,700
차감 : 선수 용역수익(20×4년 말)		−4,000
현금 수령액		₩68,700
용역수익에 대해 수취한 현금 =	₩68,700	

08. ◈ 제한시간 : 20분

1)

한강(주)

포괄손익계산서

20×5년 12월 1일 ~ 12월 31일

수익		
용역수익		₩6,500
비용		
감가상각비	₩2,500	
임차료	1,900	
소모품비	600	
총비용		(5,000)
당기순이익		₩1,500

2)

한강(주)

재무상태표

20×5년 12월 31일

자 산		
현 금		₩17,400
매출채권		2,200
소모품		1,800
사무비품	₩15,000	
차감 : 감가상각누계액 – 사무비품	(4,000)	11,000
자산 총계		₩32,400
부채와 자본		
부 채		
매입채무	₩4,000	
선수 용역수익	5,000	
부채 합계		₩9,000
자 본		
자본금	₩17,000	
이익잉여금	6,400	23,400
부채와 자본 총계		₩32,400

3) 필요한 마감분개

① 수익계정의 마감

차변) 용역수익	6,500	
대변) 집합손익		6,500

② 비용계정의 마감

차변) 집합손익	5,000	
대변) 감가상각비		2,500
임차료		1,900
사무 소모품비		600

③ 집합손익 계정의 마감

		차변	대변
차변) 집합손익		1,500	
	대변) 이익잉여금		1,500

④ 배당금 계정의 마감

		차변	대변
차변) 이익잉여금		2,500	
	대변) 배당금		2,500

제4장 상기업의 회계

객관식

01. 상기업의 재고자산은 일반적으로 상품이고, 원재료, 재공품, 제품은 제조기업의 재고자산이다.

정답 ④

02. 이때 분개는 다음과 같이 한다.

차변) 상품(또는 매입) 1,500,000 대변) 매입채무 1,500,000

일반적 상거래에 의한 채무발생이므로, 대변에 "미지급금" 이 올 수는 없다.

정답 ④

03. 재고자산의 원가결정방법은 두 가지 중 자유롭게 택일할 수 있지만, 그렇다고 그 변경도 자유로운 것은 아니고, 특별한 사유가 없는 한 매기 계속 사용해야 한다.

정답 ③

04.

1) 매출원가 = 기초재고원가 + 당기 매입원가 - 기말재고원가

= ₩450,000 + ₩1,500,000 - ₩750,000 = ₩1,200,000.

기말(월말) 재고가 이미 파악되어 있다는 것은 상품의 원가흐름에 대한 가정(선입선출, 후입선출, 평균 등)이 이미 적용되었음을 임시한다.

정답 ①

2) 실지재고조사법(기간법)에서 상품계정은 기중거래를 반영하지 않으므로 기초재고만을 나타내주고, 매출 시에 매출원가도 전혀 분개되지 않으므로, 기말에 이들 계정을 update하기 위한 수정분개가 필요하다. 그 수정분개는 ③과 같이 할 수 있다.

①은 상품(기초), 상품(기말)의 차, 대변이 뒤바뀌었기 때문에 옳지 않다.

②는 매입(기초), 매입(기말)과 같은 것은 없다.

정답 ③

05. 상품 매입 시 필수적인 부대비용(④), 예를 들면 매입운임, 매입수수료 등은 상품의 취득원가를 구성한다. ②의 매출운임은 물류비(기간 비용)에 속한다.

정답 ②

06. 매입환출(purchase returns) 및 매입에누리(purchase allowances)는 상품의 매입액에서 차감되어 순매입액이 산정된다.

정답 ③

07. 매입할인은 물류원가 및 관리비로서 처리되는 당기 비용이 아니고 당기 매입액에서 차감되어 순매입액을 산정하는 항목이다. 그리고 매입할인은 현금할인(cash discount)의 일종으로서 이자의 성격을 지니는 것으로 백화점 할인매출 등에서 말하는 할인과 그 성격이 전혀 다르다. 할인조건(5/10, net 30)의 뜻은 할인기간은 10일, 할인율은 송장가격의 5%, 신용기간은 30일이라는 것이다.

정답 ①

08.

1) 순매입액 = 총매입액 ₩60,000 + 매입운임 3,000

− 매입환출액 1,000 − 매입에누리 2,000 = ₩60,000.

정답 ②

2) 매출운임은 매출총이익에서 차감되는 항목인 물류원가에 속한다.

순매출액 = 총매출액 ₩99,000 – 매출환입액 5,000 – 매출할인 10,000
= ₩84,000.

정답 ③

기초문제

01. ◈ 제한시간 : 5분

a. ₩35,000　　b. ₩23,000　　c. ₩120,000　　d. ₩16,000

02. ◈ 제한시간 : 5분

밤바(주) 기록 :

9월 4일	상 품	800	
	매입채무		800

쿠스코(주) 기록 :

9월 4일	매출채권	800	
	매 출		800
	매출원가	400	
	상 품		400

03. ◈ 제한시간 : 5분

2월 6일	매출채권	60,000	
	매 출		60,000
	매출원가	30,000	
	상 품		30,000

2월 8일	매출환입및에누리	10,000	
	매출채권		10,000
	상 품	5,000	
	매출원가		5,000
2월 16일	현금 (₩50,000 × 98)	49,000	
	매출할인	1,000	
	매출채권(₩60,000 − 10,000)		50,000

04. ◈ 제한시간 : 5분

순매입액과 매입상품 원가의 계산 :

매입		₩500,000
차감 : 매입환출및에누리	₩14,000	
매입할인	9,000	(23,000)
순매입		₩477,000
가산 : 매입운송비		15,000
매입상품 원가		₩492,000

05. ◈ 제한시간 : 10분

1) 장나리는 할인기간 내에 매입대금을 지급하여 할인받아야 한다.

₩7,000에 대한 1%의 할인	₩70.00	
₩7,000에 대해 받을 이자(20일간 12%)	(46.67)	(= ₩7,000 × 12% × 20/360)
할인받음으로 인한 절약	₩23.33	

2) 동등한 연이자율 : 1% × 360/20 = 18%.

(좀 더 정확하게는, 1/99 × 360/20 = 18.18%).

심층문제

01. ◈ 제한시간 : 10분

매출원가의 계산

기초재고			₩45,000
매입		₩600,000	
차감 : 매입환출및에누리	₩25,000		
매입할인	11,000	(36,000)	
순매입		₩564,000	
가산 : 매입운송비		19,000	
매입상품 원가			583,000
판매가능상품 원가			₩628,000
기말재고			(55,000)
매출원가			₩573,000

매출총이익의 계산

순매출	₩750,000
매출원가	(573,000)
매출총이익	₩177,000

02. ◈ 제한시간 : 20분

금강(주)

포괄손익계산서

20×5년 1월 1일 ~ 12월 31일

매출		₩575,000
차감 : 매출환입및에누리	₩50,000	
매출할인	9,500	(59,500)
순매출		₩515,500
매출원가		(347,000)
매출총이익		₩168,500
기타수익		25,000
이자수익	₩25,000	
물류원가와 관리비		
사무실 급료	₩74,000	
전기료	18,000	
광고비	15,000	
감가상각비	3,500	
운송비용	2,000	
영업비 합계		(112,500)
기타비용		19,000
이자비용	₩19,000	
당기순이익		₩62,000

03. ◈ 제한시간 : 30분

1)

	20×4	20×5	20×6
매출원가 :			
기초재고	₩13,000	₩11,300	₩14,700
가산 : 당기매입	141,000	150,000	132,000
판매가능상품원가(CGAS)	₩154,000	₩161,300	₩146,700
차감 : 기말재고	(11,300)	(14,700)	(12,200)
매출원가(CGS)	₩142,700	₩146,600	₩134,500

2)

	20×4	20×5	20×6
매출	₩225,700	₩227,600	₩219,500
차감 : 매출원가(CGS)	142,700	146,600	134,500
매출총이익	₩83,000	₩81,000	₩85,000

3)

	20×4	20×5	20×6
매입채무 기초잔액	₩20,000	₩26,000	₩15,000
가산 : 당기매입	141,000	150,000	132,000
차감 : 매입채무 지급액	135,000	161,000	127,000
기말 매입채무	₩26,000	₩15,000	₩20,000

04. ◈ 제한시간 : 40~50분

1)

분 개 장

일자	계정과목	차 변	대 변
6월 2일	상품	6,300	
	매입채무		6,300
4일	매출채권	5,000	
	매출		5,000
	매출원가	4,000	
	상품		4,000
5일	판매운임	200	
	현금		200
6일	매입채무	300	
	상품		300
11일	매입채무(₩6,300 − ₩300)	6,000	
	상품(₩6,000 × 2%)		120
	현금		5,880
13일	현금	4,900	
	매출할인(₩5,000 × 2%)	100	
	매출채권		5,000

14일	상품	4,400	
	현금		4,400
16일	현금	500	
	상품		500
18일	상품	4,200	
	매입채무		4,200
20일	상품	100	
	현금		100
23일	현금	8,100	
	매출		8,100
	매출원가	6,700	
	상품		6,700
26일	상품	2,300	
	현금		2,300
27일	매입채무	4,200	
	상품(₩4,200 × 2%)		84
	현금		4,116
29일	매출환입및에누리	110	
	현금		110
	상품	75	
	매출원가		75
30일	매출채권	3,700	
	매출		3,700
	매출원가	3,000	
	상품		3,000

2)

총계정원장

현 금

6/1 잔액	9,000	6/5	200
6/13	4,900	6/11	5,880
6/16	500	6/14	4,400
6/23	8,100	6/20	100
		6/26	2,300
		6/27	4,116
		6/29	110
6/30 잔액	5,394		

매출채권

6/4	5,000	6/13	5,000
6/30	3,700		
6/30 잔액	3,700		

상 품

6/2	6,300	6/4	4,000
6/14	4,400	6/6	300
6/18	4,200	6/11	120
6/20	100	6/16	500
6/26	2,300	6/23	6,700
6/29	75	6/27	84
		6/30	3,000
6/30 잔액	2,671		

매입채무

6/6	300	6/2	6,300
6/11	6,000	6/18	4,200
6/27	4,200		
		6/30 잔액	0

보통주자본금

		6/1 잔액	9,000
		6/30 잔액	9,000

매 출

		6/4	5,000
		6/23	8,100
		6/30	3,700
		6/30 잔액	16,800

매출환입및에누리

6/29	110		
6/30 잔액	110		

매출할인

6/13	100		
6/30 잔액	100		

매출원가

6/4	4,000	6/29	75
6/23	6,700		
6/30	3,000		
6/30 잔액	13,625		

판매운임

6/5	200		
6/30 잔액	200		

3)

청해(주)

손익계산서(부분)

20×5년 6월 1일 ~ 6월 30일

매출액		
매출		₩16,800
차감 : 매출환입및에누리	₩110	
매출할인	100	(210)
순매출		₩16,590
매출원가		(13,625)
매출총이익		₩2,965

05. ◈ 제한시간 : 30~40분

1) 계속기록법

(1-a) 계속기록법 - 3월 각 거래일에 필요한 분개.

3/3	차변) 상품	4,500	대변) 매입채무	4,500
3/4	차변) 매출채권	7,200	대변) 매출	7,200
	매출원가	3,600*	상품	3,600

* 3,600 = 60 × ₩60.

3/10	차변) 상품	17,000	대변) 매입채무	17,000
3/16	차변) 매출채권	9,100	대변) 매출	9,100
	매출원가	4,650**	상품	4,650

** 4,650 = 40 × ₩60 + 30 × ₩75 = ₩2,400 + ₩2,250.

3/19	차변) 매출채권	10,400	대변) 매출	10,400
	매출원가	6,500★	상품	6,500

★ 6,500 = 30 × ₩75 + 50 × ₩85 = ₩2,250 + ₩4,250

3/25	차변) 매출채권	6,500	대변) 매출	6,500
	매출원가	4,250★★	상품	4,250

★★ 4,250 = 50 × ₩85

3/30	차변) 상품	3,600	대변) 매입채무	3,600

(1-b) 필요한 수정분개는 없다.

2) 실지재고조사법(기간법)

(2-a) 실지재고조사법(기간법) - 3월 각 거래일에 필요한 분개.

3/3	차변) 매입	4,500	대변) 매입채무	4,500
3/4	차변) 매출채권	7,200	대변) 매출	7,200
3/10	차변) 매입	17,000	대변) 매입채무	17,000
3/16	차변) 매출채권	9,100	대변) 매출	9,100
3/19	차변) 매출채권	10,400	대변) 매출	10,400
3/25	차변) 매출채권	6,500	대변) 매출	6,500
3/30	차변) 매입	3,600	대변) 매입채무	3,600

(2-b) 필요한 수정분개 : 매출원가, 상품 계정의 갱신을 위해 다음의 수정이 필요하다.

3/31	차변) 매출원가	6,000	대변) 상품(기초)	6,000
	매출원가	25,100	매입	25,100
	상품(기말)	12,100	매출원가	12,100

제5장 재무제표의 작성과 표시

객관식

01. 재무제표 요소의 인식(recognition)은 ①, ②, ④를 모두 포함하는 과정이고, 이는 정의(definition)와는 다르다.

정답 ③

02. 재무제표 요소(항목)의 인식기준을 충족하면 항목은 반드시 재무제표에 인식되어야 한다.

정답 ⑤

03. '재무제표의 작성과 표시를 위한 개념체계' 에서 역사적 원가, 현행원가, 실현가능가치, 현재가치와 달리 '공정가치' 는 측정기준으로서 제시되고 있지 아니하다.

정답 ②

04. "수행의무를 이행할 때 수익을 인식한다"는 5단계의 내용이다. 4단계 : (3단계에서 산정된) 거래가격을 계약 내 수행의무에 배분.

정답 ④

05. ③에서 목적적합성, ⑤에서 신뢰성은 재무제표의 질적 특성이지만, 한국채택국제회계기준에서 일반목적 재무제표의 작성에 공통적으로 적용되는 '일반사항' 은 아니다. ②에서 기업실체, ④에서 구분표시도 아니다.

정답 ①

06. 연결재무제표는 지배기업과 종속기업을 단일 사회적 실체가 아니라 단일 경제적 실체로서의 연결실체로 하여 작성되는 것이다. 연결 시 종속기업에 대한 비지배주주(소수주주)의 지분을 비지배지분이라고 한다.

정답 ④

07. 기업이 명확히 식별가능한 영업주기 내에서 재화나 용역을 제공하는 경우에 재무상태표에 표시되어야 할 항목은 유동성 순서가 아니라 유동/비유동 구분법에 따라 표시한다. 이에 유동자산(부채)과 비유동자산(부채)이 구분되어 표시된다.

정답 ②

08. 영업권(①), 대여금(②), 투자주식(③), 동물자산(⑤)은 재무상태표 상의 최소표시항목이 아니다.

정답 ④

09. 보고기간(회계기간) 후 12개월 이내에 결제하기로 되어 있는 항목은 유동자산이 아니라 유동부채이다.

정답 ④

10. 비유동자산으로만 짝지어진 것은 ⑤(영업권, 무형자산, 투자부동산)뿐이다.
발행사채, 미지급배당금은 부채이고, 납입자본은 자본구성요소이다.

정답 ⑤

11. 투자주식은 자산으로서, 자본을 구성하는 것이 아니다.

정답 ③

12. 금융수익(④)을 제외하고는 모두 포괄손익계산서 상의 최소표시항목이다.

정답 ④

13. 비용의 성격별(by nature) 분류의 큰 특징은 '매출원가' 가 나타나지 않는다는 것이다.

정답 ②

14. '제품과 재공품의 변동' 은 비용의 기능별(by function) 분류 시 나타나지 않는다.

정답 ⑤

15. 현금흐름표는 영업활동, 투자활동, 재무활동의 세 활동별로 현금흐름(현금유입과 현금유출)의 내용을 보여준다. 이와 관련하여 순이익 현금유입(⑤)이란 말은 없다.

정답 ⑤

16. 20×1년 중

당기순이익	₩5,000	(= 수익 ₩60,000 - 비용 ₩55,000)
+ 주식평가이익 (기타포괄손익)	₩2,000	
총포괄이익	₩7,000	
+ 유상증자	₩8,000	
순자산 변동액	₩15,000	

정답 ⑤

제6장 유동자산·유동부채

객관식

01. FVPL금융자산이 아닌 주식(상장 주식이 아니어서 시장성이 없는 주식 등)은 FVOCI금융자산이 될 수 있다. 보유주식이 주식발행회사 지분의 20% 이상을 차지하면 관계기업투자로 분류한다.

정답 ③

02. FVPL금융자산과 FVOCI금융자산은 사채 등 채권이나 주식, 모두가 포함될 수 있으나, AC금융자산은 성격상 채권(사채)은 될 수 있어도 주식일 수는 없다.

정답 ①

03. ②의 경우 지분증권은 액면금액이 아니라 취득원가로 평가한다.

정답 ②

04. 타인이 발행하여 수취한 수표는 현금이지만 어음은 현금이 아니라 채권이다. 단, 그 어음이 취득당시 만기 3개월 이내 도래의 우량기업 어음이라면 현금성 자산(cash equivalent)으로 분류될 수 있으나, 현금은 아니다.

정답 ④

05. 매출채권은 일반적인 상거래에서 발생한 채권으로서, 외상매출금과 받을어음으로 구성된다. 그러나 미수금은 일반적 상거래가 아닌 거래(예 : 부동산의 처분 등)에서 발생한 채권이므로, 그리고 대여금은 투자활동의 결과이므로 매출채권이 아니다.

정답 ③

06. 바른 분개 : 차변) 매출채권(받을어음) 200,000 대변) 매출 200,000

이자수익은 아직 발생하지 않았다.

정답 ①

07. 바른 분개 : 차변) 부도어음 204,000 대변) 매출채권 200,000

이자수익 4,000*

*이자수익 = ₩200,000 × 0.12 × 60/360 = ₩4,000

④는 부도어음이 회수불능으로 확정될 때 나타나고, 이때 부도어음 계정이 대기된다.

정답 ④

08. 양도인이 부담하는 할인료가 '이자비용'으로 처리되는 것은 차입거래로 보는 경우이다. 매각거래로 보는 경우, 그 할인료는 '매출채권처분손실'로 처리된다. 따라서 ③이 틀림.

정답 ③

09. ①, ②, ③은 모두 재고자산의 원가결정이 중요한 이유이다. ④는 재고자산 관리의 중요성 이유는 될 수 있어도, 재고자산 원가결정의 중요성과는 직접 관련이 없다.

정답 ④

10. 미착품(goods in transit)의 경우, 매매계약이 선적지인도조건(FOB shipping point)이라면 구매자의 재고에, 도착지인도조건(FOB destination)이라면 판매자의 재고에 포함해야 한다. 시송품의 경우 고객이 매입의사를 표시할 때 판매로 인식되므로 매입의사 표시 전까지는 판매자의 재고에 포함된다. 할부판매의 경우 상품의 제공 시점에 판매로 인식되므로 상

품제공으로 판매자의 외부에 나가 있는 상품은 판매자의 재고에 포함해서는 안 된다.

정답 ②

기초문제

01. ◈ 제한시간 : 8~10분

1)

증 권	원 가	공정가치	
화성(주)	₩84,000	₩72,000	(2,000 × ₩36)
명왕(주)	75,000	81,000	(1,500 × ₩54)
합 계	₩159,000	₩153,000	

2)

		차변	대변
12월 31일,	FVOCI금융자산 평가손실	6,000	
	FVOCI금융자산(조정)		6,000

02. ◈ 제한시간 : 10~15분

1)

		차변	대변
1월 2일	FVPL금융자산	50,000	
	거래수수료(비용)	550	
	현금		50,550
6월 1일	현금(1,000 × ₩3.00)	3,000	
	배당금수익		3,000
9월 15일	현금(₩24,900 - ₩100)	24,800	
	FVPL금융자산처분손실	200	
	FVPL금융자산 [500 × (₩50,000 ÷ 1,000)]		25,000

12월 31일	FVPL금융자산(조정)	400	
	FVPL금융자산평가이익		400
	[₩25,400 − (₩50,000 − ₩25,000)]		

2) 손익계산서에 배당금수익과 FVPL금융자산평가이익이 당기수익으로 보고되고, FVPL금융자산처분손실이 당기비용으로 보고된다.

03. ◈ 제한시간 : 5~8분

① 만기금액 : ₩5,075 : (₩5,000 × 6% × 3/12 = ₩75) + ₩5,000 = ₩5,075.

② 만기금액 : ₩12,450 : (₩12,000 × 9% × 150/360 = ₩450) + ₩12,000
= ₩12,450.

04. ◈ 제한시간 : 10분

12월 1일	단기대여금(받을어음)—거래처 갑	12,000	
	현금		12,000
	(거래처 갑에 대한 대여를 기록)		
12월 16일	매출채권(받을어음)—거래처 을	2,400	
	매출		2,400
	(거래처 을에 대한 매출을 기록)		
12월 31일	미수이자	67	
	이자수익*		67
	(발생한 이자를 기록)		

* 이자수익의 계산 :

거래처 갑 어음 : ₩12,000 × 6% × 30/360 =	₩60
거래처 을 어음 : 2,400 × 7% × 15/360 =	7
발생 이자 합계	₩67

05. ◈ 제한시간 : 10분

	차변	금액	대변	금액
1) 6월 1일	현금	40,000		
			단기차입금(지급어음)	40,000
2) 6월 30일	이자비용	200		
			미지급이자	200
			(₩40,000 × 6%/12)	
3) 7월 31일	단기차입금(지급어음)	40,000		
	미지급이자	200		
	이자비용	200		
			현금	40,400

06. ◈ 제한시간 : 5~8분

	차변	금액	대변	금액
1월 1일	매출채권－한라(주)	500		
			매출	500
2월 1일	현금	200		
			매출채권－한라(주)	200
7월 1일	손실충당금(대손충당금)	300		
			매출채권－한라(주)	300
9월 1일	매출채권－한라(주)	300		
			손실충당금(대손충당금)	300
	현금	300		
			매출채권－한라(주)	300
			(외상대금의 회수 기록)	

07. ◈ 제한시간 : 5~8분

1) 손상차손(대손상각비) 12,000

손실충당금(₩15,000 - ₩3,000) 12,000

(충당금 계정 잔액을 기대신용손실액(즉, 추정금액)으로 조정 :

₩150,000 × 10% = ₩15,000)

2) 손상차손 18,000

손실충당금(₩15,000 + ₩3,000) 18,000

(충당금 계정 잔액을 기대신용손실액(즉, 추정금액)으로 조정)

08. ◈ 제한시간 : 5분

① 포함 ② 제외 ③ 제외 ④ 제외

09. ◈ 제한시간 : 5분

1) 선입선출법 : 300 × ₩8 = ₩2,400

2) 가중평균법 : 200 × ₩6 = ₩1,200

300 × ₩7 = 2,100

400 × ₩8 = 3,200

900 ₩6,500 ⇒ (가중)평균단가 = ₩6,500/900

= ₩7.22

기말재고 원가 = 기말수량 300 단위 × ₩65/9 (또는 ₩7.22)

= ₩2,167

[참고] 후입선출법 : 200 × ₩6 = ₩1,200

100 × ₩7 = 700

₩1,900

10. ◈ 제한시간 : 5분

1) 원가 상승기에는 가중평균법이 최소의 소득세(법인세) 비용을 결과한다.

2) 원가 상승기에는 선입선출법이 가장 높은 당기순이익을 결과한다.

3) 원가 상승기에는 선입선출법이 가장 높은 기말재고를 결과한다.

4) 원가 상승기에는 가중평균법이 수년에 걸쳐 가장 안정적인 이익을 보고한다.

심층문제

01. ◈ 제한시간 : 20~25분

20×5년 1월 5일

FVPL금융자산	68,100	
현금		68,100

20×5년 6월 30일

현금	5,850*	
배당금 수익		5,850

* (300 × ₩4 = ₩1,200) + (500 × ₩6 = ₩3,000) + (550 × ₩3 = ₩1,650) = ₩5,850

20×5년 11월 15일

현금	7,200	
FVPL금융자산		7,000
FVPL금융자산처분이익		200

(대서(주) 보통주 100주 매각의 기록)

20×5년 12월 31일

FVPL금융자산평가손실	8,200*	
FVPL금융자산(조정)		8,200

(금융자산의 공정가치 평가의 기록)

* FVPL금융자산평가손익 계산 :

투자	주수	원가	공정가치	평가손익
태평(주)	300	₩9,600	₩7,200	
인도(주)	500	20,000	16,000	
대서(주)	450	31,500	29,700	
합 계		₩61,100	₩52,900	−₩8,200

02. ◈ 제한시간 : 8~10분

	차변		대변	
1) 매각 :	차변) 현금	100,425	대변) 매출채권(받을어음)	100,000
	매출채권처분손실(할인료)	575*	이자수익	1,000
2) 차입 :	차변) 현금	100,425	대변) 단기차입금	100,000
	이자비용(할인료)	575*	이자수익	1,000

* 이자비용(할인료) 계산 :

만기금액 :	₩103,000
− 총할인료 :	−2,575 (=₩103,000 × 0.15 × 60/360)
실수금 :	₩100,425
− 어음의 장부금액 :	−101,000
할인료 :	₩(575)

03. ◈ 제한시간 : 20분

		차변	대변
1) 8월 10일	손실충당금	700	
	매출채권−일남(주)		700
	(일남(주) 계정을 제각)		
9월 12일	손실충당금	3,000	
	매출채권−이남(주)		3,000
	(이남(주) 계정의 제각을 기록)		

		차변	대변
10월 10일	매출채권—일남(주)	400	
	손실충당금		400
	(이전에 제각된 일남(주) 계정의 환원을 기록)		
	현금	400	
	매출채권—일남(주)		400
	(외상대금의 회수를 기록)		

		차변	대변
2) 12월 31일	손상차손 [(₩100,000 × 6%) - ₩700*]	5,300	
	손실충당금		5,300
	(손상차손의 기록)		

* (₩4,000 - ₩700 - ₩3,000 + ₩400 = ₩700).

3) 20×5년 12월 31일의 손실충당금 잔액은 ₩6,000(= ₩100,000 × 6%)

04. ◈ 제한시간 : 15분

	매출채권 잔액	손상율(신용손실 발생위험)	신용손실 측정액
상환일 미도래 계정	₩140,000	1%	₩1,400
1～30일간 연체	15,000	3%	450
31～60일간 연체	12,000	6%	720
61～90일간 연체	5,000	12%	600
90일 초과 연체	7,000	30%	2,100
매출채권 및 기대신용손실액	₩179,000		₩5,270

	차변	대변
1) 손상차손	4,870	
손실충당금(₩5,270 - ₩400)		4,870
(충당금 계정 잔액을 기대신용손실액(즉, 추정금액)으로 조정하기 위해)		

계정	차변	대변
2) 손상차손	5,670	
손실충당금(₩5,270 + ₩400)		5,670
(충당금 계정 잔액을 기대신용손실액(즉, 추정금액)으로 조정하기 위해)		

05. ◈ 제한시간 : 15~20분

계정	차변	대변
1) 매출채권	1,420,000	
매출		1,420,000
(외상매출의 기록)		
매출환입및에누리	100,000	
매출채권		100,000
(대고객 외상채권 감소의 기록)		
현금	1,250,000	
매출채권		1,250,000
(채권 회수의 기록)		
손실충당금	35,000	
매출채권		35,000
(특정 계정의 제각)		
매출채권	5,000	
손실충당금		5,000
(계정 제각의 역분개(환원))		
현금	5,000	
매출채권		5,000
(채권 회수의 기록)		

2) 채권의 백분율 기준 :

매출채권

기초잔액	650,000	100,000
	1,420,000	1,250,000
	5,000	35,000
		5,000
기말잔액	685,000	

손실충당금

35,000	기초잔액	33,000
		5,000
	기말잔액	3,000

필요 잔액(₩685,000 × 0.06)	₩41,100
수정전 잔액	3,000
수정 필요액	₩38,100

12월 31일	손상차손	38,100	
	손실충당금		38,100

06. ◈ 제한시간 : 15분

1) 손상차손(= ₩5,200 + ₩600) 5,800
 손실충당금 5,800

2)

매출채권	₩130,000	
차감 : 손실충당금	(5,200)	₩124,800

3) 손실충당금 1,000
 매출채권(한 고객) 1,000

	제각 전	제각 후
매출채권	₩140,000	₩139,000
차감 : 손실충당금	4,000	3,000
순실현가치(장부금액)	₩136,000	₩136,000

07. ◈ 제한시간 : 20분

1) 선입선출법 : 기말재고 ₩2,050

300 단위 × @₩6	=	₩1,800
50 단위 × @₩5	=	250
350 단위		₩2,050

2) 가중평균법 : 기말재고 ₩1,610

단위당 ₩4.60(= ₩4,600/1,000) × 350단위 = ₩1,610

3) 선입선출법 : 매출원가 ₩2,550

100 단위 × @₩3	=	₩300
500 단위 × @₩4	=	2,000
50 단위 × @₩5	=	250
650 단위		₩2,550

가중평균법 : 위 2)에서 구한 단위당 원가 ₩4.60 × 650 단위 = ₩2,990

만일 그 회사가 가중평균법 대신에 선입선출법을 사용했다면, 이익은 ₩440(= −₩2,550 − (−₩2,990))만큼 더 컸을 것이다.

[참고] 후입선출법

				300 단위 × @₩6 =	₩1,800
	100 단위 × @₩3 =	₩300		100 단위 × @₩5 =	500
	250 단위 × @₩4 =	1,000		250 단위 × @₩4 =	1,000
기말재고 원가	350 단위	₩1,300	매출원가	650 단위	₩3,300

08. ◈ 제한시간 : 20분

		매입		매출	
		단위 수	단위원가	단위 수	판매가격/단위
3/1	기초 재고	100	₩60		
3/3	매입	60	₩75		
3/4	매출			60	₩120
3/10	매입	200	₩85		
3/16	매출			70	₩130
3/19	매출			80	₩130
3/25	매출			50	₩130
3/30	매입	40	₩90		
		400	260		

1) 선입선출법 사용 : 가장 초기에 매입한 단위를 먼저 팔았다.

3/1	100	@ ₩60	=	₩6,000
3/3	60	@ 75	=	4,500
3/10	100	@ 85	−	8,500
	260 단위			₩19,000 = 매출원가

2) 가중평균 단위원가의 계산 : ₩31,100/400 = ₩77.75

₩77.75/단위를 기말재고(판매가능 400단위에서 판매된 260단위 차감 = 140단위)에 적용

: ₩77.75 × 140 = ₩10,885

[참고] 후입선출법 가정 : 140단위의 기말재고는 초기에 매입된 단위들(기초재고 포함)로 구성.

3/1	100	@ ₩60	=	₩6,000
3/3	40	@ ₩75	=	3,000
	140 단위			₩9,000 = 기말재고

09. ◈ 제한시간 : 20분

		매입		매출	
		단위 수	단위원가	단위 수	판매가격/단위
3/1	기초 재고	100	₩60		
3/3	매입	60	₩75		
3/4	매출			60	₩120
3/10	매입	200	₩85		
3/16	매출			70	₩130
3/19	매출			80	₩130
3/25	매출			50	₩130
3/30	매입	40	₩90		
		400		260	

선입선출법 사용 : 가장 초기에 매입한 단위를 먼저 팔았다.

3/1	100	@ ₩60	=	₩6,000	
3/3	60	@ 75	=	4,500	
3/10	100	@ 85	=	8,500	
	260 단위			₩19,000	= 매출원가

[참고] 후입선출법 가정 : 기말재고 = 140단위. 이 가정에 따르면 기초재고 층(layer)은 전혀 팔리지 않았고 처음 두 회의 매입 상품은 모두 소진되었다. 상품이 모두 팔린 후 최종 매입이 이루어졌다.

3/1	100	@ ₩60	=	₩6,000	
3/30	40	@ ₩90	=	3,600	
	140 단위			9,600	= 기말재고

10. ◈ 제한시간 : 20분

	항목			
사건	자산	자본	매출원가	순이익
1)	무	무	대	소
2)	대	대	소	대
3)	소	소	대	소
4)	무	소	대	소
5)	대	대	소	대

제7장 유형자산

객관식

01. 유형자산의 취득원가에 가산하는 지출은 자본적 지출. 기능 추가 등 생산능력 증대, 생산성이나 품질 제고, 내용연수 연장 등을 위한 지출은 자본적 지출. 그러나 비록 자본적 지출에 해당하더라도 지출액이 사소하면 수익적 지출로 처리 가능.

정답 ④

02. 장부금액(book value)에 감가상각누계액을 가산해야 취득원가가 됨.

정답 ③

03. 생산량비례법은 시간에 따른 상각액의 양상에 일정한 규칙성이 없다.

정답 ②

04. 아래 표 참조. 20×1년의 감가상각비는 ₩30,000이 된다.

	a) 감가상각비 = c * 30%	b) 감가상각누계액	c) 장부금액 = 100,000 - b
20×1년 초			₩100,000
20×1년 말	₩30,000	₩30,000	₩70,000
20×2년 말	₩21,000	₩51,000	₩49,000

정답 ①

05. 미솔(주)이 연수합계법을 적용하는 경우, 연수합계(SYD)는 15가 되고, 첫 3년간 감가상각비는 감가상각가능액(= 취득원가 - 잔존가치)인 ₩80,000에 첫 해는 5/15, 둘째 해는 4/15, 셋째 해는 3/15를 곱한 것이다.

정답 ③

06. 정액법에 따른 연간 감가상각비 : ₩80,000/5 = ₩16,000

20×3년 말 현재 감가상각누계액 : ₩16,000 × 3 = ₩48,000

20×3년 말 현재 장부금액 : ₩100,000 - ₩48,000 = ₩52,000

20×3년 말 처분 시 기계처분손익 : ₩70,000 - ₩52,000 = ₩18,000

20×3년 말 처분 시 분개 :

차변) 현금	70,000	대변) 기계	100,000
감가상각누계액	48,000	기계처분이익	18,000

정답 ②

기초문제

01. ◈ 제한시간 : 5분

(a) 자본적	(b) 자본적	(c) 수익적	(d) 자본적
(e) 자본적	(f) 자본적	(g) 수익적	(h) 수익적

02. ◈ 제한시간 : 5분

(a) 수익적	(b) 자본적	(c) 수익적	(d) 수익적
(e) 자본적	(f) 자본적	(g) 수익적	(h) 자본적

03. ◈ 제한시간 : 20분

정액법

연도	상각대상금액	× 감가상각률	= 매년 감가상각비	감가상각누계액	기말장부금액
20×3	₩26,000,000	5%	₩1,300,000	₩1,300,000	₩28,700,000
20×4				2,600,000	27,400,000
20×5				3,900,000	26,100,000

정률법

연도	기초장부금액	× 감가상각률	= 감가상각비	감가상각누계액	기말장부금액
20×3	₩30,000,000	10%	₩3,000,000	₩3,000,000	₩27,000,000
20×4	27,000,000		2,700,000	5,700,000	24,300,000
20×5	24,300,000		2,430,000	8,130,000	21,870,000

04. ◈ 제한시간 : 15분

정률을 다음 공식을 이용해 구하면 약 38.6%가 나오는데, 문제에서는 편의상 40%로 주어졌다. 공식 : 정률 = 1 – (잔존가치/취득원가)$^{1/내용연수}$

연도	기초장부금액	× 감가상각률	= 감가상각비	감가상각누계액	기말장부금액
1	₩80,000	40%	₩32,000	₩32,000	₩48,000
2	48,000	40%	19,200	51,200	28,800
3	28,800	40%	11,520	62,720	17,280
4	17,280	40%	6,912	69,632	10,368

05. ◈ 제한시간 : 15분

(a) 20×4년 9월 30일

차변) 감가상각비*	2,250	
대변) 감가상각누계액—배송장비		2,250
차변) 현금	9,000	
감가상각누계액—배송장비(₩6,000 + ₩2,250)	8,250	
유형자산처분손실(₩10,750 - ₩9,000)	1,750	
대변) 배송장비		19,000

* 배송장비의 매각손실(차손)을 기록 전에, 20×4년 첫 9개월간의 감가상각비를 우선 기록 : (₩15,000/5년 = ₩3,000) × 9/12 = ₩2,250.

(b) 20×4년 6월 30일

차변) 현금	16,000	
감가상각누계액—사무비품	10,000	
대변) 사무비품		24,000
유형자산처분이익(₩16,000 - ₩14,000)		2,000

06. ◈ 제한시간 : 20분

1)

기계 #1

연도	상각대상금액	× 감가상각률	= 매년 감가상각비	감가상각누계액
20×1	₩75,000	20%	₩7,500*	₩7,500
20×2			15,000	22,500
20×3			15,000	37,500
20×4			15,000	52,500
20×5			7,500*	60,000

* 반년분임.

기계 #2

연도	기초장부금액 ×	정률* =	감가상각비	감가상각누계액
20×4	₩50,000	40%	₩10,000**	₩10,000
20×5	40,000	40%	16,000	26,000

* 공식을 적용하여 구한 정률은 약 37%이지만, 편의상 40%로 하여 보여준다.

** 20×5년 전반기 : ₩10,000(= ₩50,000 × 40%/2 = ₩10,000)

20×5년 하반기 : ₩6,000(= (₩50,000 − ₩20,000) × 40%/2 = ₩6,000)

2)

	기계 1		기계 2	
차변) 감가상각비	7,500		16,000	
대변) 감가상각누계액		7,500		16,000
차변) 현금	20,000		30,000	
기계처분손실	1,000*		−	
감가상각누계액	60,000		26,000	
대변) 기계장비		81,000		50,000
기계처분이익		−		6,000**

* ₩81,000 − ₩60,000 = ₩21,000 ; ₩21,000 − ₩20,000 = ₩1,000.

** ₩50,000 − ₩26,000 = ₩24,000 ; ₩24,000 − ₩30,000 = −₩6,000.

심층문제

01. ◈ 제한시간 : 12분

	전화비용	감가상각비	당기순이익
연도	과대(과소)계상	과대(과소)계상	과대(과소)계상
20×4	₩6,000	₩(1,500)	₩(4,500)
20×5		(1,500)	1,500
20×6		(1,500)	1,500
20×7		(1,500)	1,500
합 계	₩6,000	₩(6,000)	₩0

02. ◈ 제한시간 : 15분

1) 정액법 : (₩65,000 − ₩5,000) ÷ 5 = ₩12,000/년.

2) 생산량 비례법 : (₩65,000 − ₩5,000) ÷ 100,000단위 = ₩0.6/단위

20×5년	16,000단위 × ₩0.6	=	₩ 9,600
20×6년	24,000단위 × ₩0.6	=	14,400
감가상각누계액		=	₩24,000

자산 취득원가	₩65,000
차감 : 감가상각누계액	24,000
장부금액, 20×6년 12월 31일	₩41,000

3) 정률법 :

연도	기초장부금액 ×	정률* =	감가상각비	감가상각누계액
20×5	₩65,000	40%	₩26,000	₩26,000
20×6	39,000	40%	15,600	41,600
20×7	23,400	40%	9,360	50,960

* 공식을 적용하여 구한 정률은 약 40.1%.

03. ◈ 제한시간 : 5분

20×1년 말 : 차변) 토지손상차손	1,000,000	대변) 토지손상차손누계액	1,000,000
20×2년 말 : 차변) 토지손상차손누계액	1,000,000	대변) 토지손상차손환입	1,000,000

20×2년 말에는 회수가능액의 회복에 대한 수익은 토지의 손상차손 전 장부금액을 초과하여 인식할 수 없다. 따라서 토지손상차손환입 금액은 ₩1,000,000까지만 인식한다.

04. ◈ 제한시간 : 12분

1) 인식해야 할 손상차손 = 장부금액 ₩210,000 − 회수가능액 ₩60,000

= −₩150,000

회수가능액 = ₩60,000(자산의 순공정가치 ₩52,000과 사용가치 ₩60,000 중 큰 금액)

2) 당기손익 반영 금액 : ₩150,000 − 재평가잉여금 ₩80,000 = ₩70,000

3) 분개 : 20×1.12.31. 차변) 손상차손(당기손익) 70,000 대변) 손상차손누계액 150,000

재평가잉여금 80,000

05. ◈ 제한시간 : 15분

관악(주)은 20×4년 말, 유형자산에 재평가모형을 최초로 적용하기로 하고, 이때 동 기계자산을 ₩2,700,000으로 평가했다. 따라서 20×4년, 20×5년 말의 재평가와 감가상각 관련 분개는 다음과 같다(단, 재평가 시 기존 감가상각누계액은 완전히 제거한다).

20×4.12.31 재평가시 기존 감가상각누계액 계산 : 4년 × ₩300,000 = ₩1,200,000

감가상각누계액의 완전제거와 함께 재평가이익을 인식 :

차변) 감가상각누계액	1,200,000	대변) 기계장치	300,000
		재평가잉여금	900,000

20×5.12.31 재평가금액을 바탕으로 감가상각비를 계산하고, 재평가잉여금의 실현을 인식* :

차변) 감가상각비	450,000	대변) 감가상각누계액	450,000
재평가잉여금	150,000	이익잉여금	150,000*

* 20×5년부터는 새로운 장부금액 ₩2,700,000을 잔존기간 6년 동안 감가상각하므로, 매년 ₩450,000의 감가상각비를 계상하고, 동시에 재평가잉여금도 잔존기간에 걸쳐 매년 ₩150,000을 재평가잉여금으로부터 이익잉여금으로 직접 대체한다.

06. ◈ 제한시간 : 15분

회계추정의 변경 : 당기 이후의 기간에 대해서만 영향을 주는 전진법이 적용.

20×8년부터는 연간 감가상각액을 다음과 같이 수정하여 계상.

최초 취득원가	100,000
감가상각누계액(20×1년~20×7년)	63,000
장부금액(20×7년 말)	37,000
(차감) 변경된 잔존가치 추정액	0
수정후 감가상각대상금액	37,000
수정후 잔여추정내용연수	÷ 3년
수정후 연간감가상각액(20×8년~20×0년)	12,333

따라서 20×8년 12월 31일 수정분개 :

차변) 감가상각비 12,333 대변) 감가상각누계액 12,333

07. ◈ 제한시간 : 15분

(a) 차변) 감가상각비 2,400

대변) 감가상각누계액—기계장비 2,400

(2004년 첫 4개월의 감가상각비를 기록 : ₩7,200 × 1/3 = ₩2,400)

차변) 현금 22,000

유형자산처분손실 5,200

감가상각누계액—기계장비(₩50,400 + ₩2,400) 52,800

대변) 기계장비 80,000

(기계장비의 매각손실(차손)을 기록)

(b) 차변) 현금 11,000

감가상각누계액—배달용 트럭 20,000

대변) 배달용 트럭 31,000

(배달용 트럭의 장부금액 처분을 기록)

(c) 차변) 현금 6,000
감가상각누계액—사무비품 10,800
대변) 사무비품 15,000
유형자산처분이익 1,800
(사무비품의 매각이익(차익)을 기록)

08. ◈ 제한시간 : 20분

기계 A

7월 1일 차변) 감가상각비 5,000
대변) 감가상각누계액—기계 A 5,000
(₩75,000 − ₩5,000) ÷ 7년 × 6/12 = ₩5,000

차변) 현금 23,000
감가상각누계액—기계 A* 50,000
유형자산처분손실(₩25,000 − ₩23,000) 2,000
대변) 기계 A 75,000

*2000년 : (₩75,000 − ₩5,000) ÷ 7 년 × 6/12	=	₩5,000
2001～04년 [(₩75,000 − ₩5,000) ÷ 7년 = ₩10,000] × 4 년	=	40,000
2005년 : (₩75,000 − ₩5,000) ÷ 7 년 × 6/12	=	5,000
처분일의 감가상각누계액	=	₩50,000

기계 B

		차변	대변
9월 1일	차변) 감가상각비	7,600	
	대변) 감가상각누계액—기계 B		7,600
	(₩60,000 - ₩3,000) ÷ 5년 × 8/12 = ₩7,600		
	차변) 현금	22,000	
	감가상각누계액—기계 B**	41,800	
	대변) 기계 B		60,000
	유형자산처분이익 (₩22,000 - ₩18,200)		3,800

**2002～04년 [(₩60,000 - 3,000) ÷ 5년 = ₩11,400] × 3년	= ₩34,200
20×5년 (₩60,000 - ₩3,000) ÷ 5년 × 8/12	= 7,600
처분일의 감가상각누계액	= ₩41,800

제 8 장 무형자산과 투자자산

객관식

01. 이 경우는 염가매수(bargain purchase, 즉 부(負)의 영업권 negative goodwill)가 발생한 경우로서, ③과 같이 회계처리한다.

정답 ③

02. 사업결합으로 취득한 영업권은 상각하지 않는다. 단, 매 연도마다 손상검사하여 손상차손 여부를 인식한다.

정답 ④

03. ④의 '공정가치 측정 가능성' 이 아니라 '취득원가 측정 가능성' 이 그 기준의 하나이다.

정답 ④

※ 일부 교재의 경우에는, 4번 및 5번의 문제가 각각 5번 및 4번으로 나와 있습니다.

04. 위 항목들 중, c 경상개발비, d 연구비, f 창업비·개업비, g 교육·훈련비, h 광고비는 무형자산이 아니라 당기 비용으로 처리되는 것이다.

정답 ③

05. 자산의 미래경제적효익에 대한 통제능력은 일반적으로 강제가 가능한 법적권리에서 나온다(①). 그러나 자산의 미래경제적효익에 대한 권리의 법적 집행가능성이 통제의 필요조건은 아니다(②). 시장이나 기술에 대한 지식이 저작권 등의 법적권리에 의해 보호된다면, 통제하고 있는 것이며(③), 종업원 교육훈련은 그로 인한 미래경제적효익에 대해 일반적으로 통제가 불가능하다(④).

정답 ⑤

06. 개발활동은 연구단계보다 더 진전되어 있는 상태이지만, 관련 지출은 미래경제적효익을 창출할 것임을 제시할 수 있는 경우에만 무형자산으로 인식한다.

정답 ④

07. 무형자산의 잔존가치는 원칙적으로 없는 것으로 보지만, 유형자산의 경우에는 그렇지 아니하다.

정답 ④

08. 영업권 아닌 무형자산은 내용연수가 비한정인 경우에는 상각하지 아니하지만, 유한한 경우에는 잔존가치를 원칙적으로 영(₩0)으로 하여 그 기간 동안 상각한다. 보기 ①은 영업권에 대한 것이다.

정답 ①

09. 필요 분개 :

차변) FVOCI금융자산	400,000	대변) FVOCI금융자산처분이익	400,000*
현금	1,500,000	FVOCI금융자산	1,500,000

* FVOCI금융자산 처분 시에는 우선 재측정을 해야 하여, 이로써 이 순공정가치가 장부금액이 되므로, 결국 (처분으로 실현되어) 당기손익이 되는 금액은 없게 된다. 다만, 기존의 FVOCI평가이익(기타포괄손익누계액 잔액) 중 처분 주식과 관련하여 실현되는 금액에 대해서는, 다음과 같이 추가적 회계처리를 선택하여 할 수 있다(기타포괄

손익누계액을 이익잉여금으로 대체 전환).

차변) FVOCI평가이익 ₩550,000 대변) 이익잉여금 ₩550,000

정답 ①

10. 직접적인 지배·통제력은 타 기업에 대한 의결권의 50% 이상을 가진 경우를 말한다. 이 경우 투자회사(지배회사)는 연결재무제표를 작성한다.

정답 ③

11. 관계기업투자는 공정가치로 평가하지 않고, 관계기업(피투자기업)이 당기순손익을 보고할 때 평가이익을 계상함과 동시에 동 주식의 장부금액을 증가시킨다. 동 주식에 대해 배당금을 받게 되면 동 주식의 장부금액을 감소시킨다.

정답 ④

기초문제

01. ◈ 제한시간 : 7분

순자산의 공정가치 = 자산의 공정가치 ₩4,272,000 − 부채의 공정가치 ₩800,000
= ₩3,472,000.

영업권 = 사업결합원가(합병대가) ₩3,800,000 − 순자산의 공정가치 ₩3,472,000
= ₩328,000

분개 :	차변)		대변)	
	현금	300,000	유동부채	800,000
	매출채권	420,000	현금	3,800,000
	상품	902,000		
	유형자산	2,500,000		
	산업재산권	150,000		
	영업권	328,000		

02. ◈ 제한시간 : 7분

1) 차변) 연구비(비용) 70,000 대변) 현금 220,000
경상개발비 30,000
개발비(무형자산) 120,000

연구비와 경상개발비는 당기 비용으로서 손익계산서의 비용에 포함된다. 알파내시경의 개발은 구체적인 상품화 마무리 단계에서 수익을 창출하게 할 가능성이 높은 지출이므로 개발비라는 무형자산으로 인식된다.

2) 차변) 개발비상각비 30,000 대변) 개발비상각누계액 30,000

무형자산과 관련하여 제3자가 이를 구입하기로 한 약정이나 관련 활성시장이 없을 때는 잔존가치가 없다고 본다. 따라서 위 개발비는 매년 ₩30,000씩 4년간 상각하게 된다.

03. ◈ 제한시간 : 7분

3), 5), 7) 항목만이 무형자산 창출에 직접관련되므로 창출된 무형자산의 원가를 구성한다.
항목 1), 8)은 연구활동 지출이므로, 항목 2)는 무형자산 인식요건(무형자산의 정의 중 자원에 대한 통제 등)을 충족하지 않으므로, 항목 4)나 항목 6)은 무형자산 운용 또는 초기 영업손실로서 무형자산 창출과 직접관련이 없으므로 발생 시 비용처리한다.

04. ◈ 제한시간 : 10분

유명(주)

재무상태표(부분)

20×5년 12월 31일

유형자산			
건물	₩1,080,000		
차감 : 감가상각누계액	670,000	₩410,000	
토지		390,000	
유형자산 합계			₩800,000
무형자산			
영업권		₩420,000	
특허권		480,000	
무형자산 합계			₩900,000

05. ◈ 제한시간 : 16~21분

1) 원가법 적용 가능 : 투자주식에 대한 활성시장 공시의 시장가격 언급(즉, 공정가치 결정 위해 이용가능한 최근의 정보가 충분한지에 대한 언급)이 없으므로, 원가로 측정하고, FVOCI금융자산(주식)으로 지정, 분류한다(제6장 제1절 참조).

① 차변) FVOCI금융자산(주식)	1,000,000	
대변) 현금		1,000,000

② 차변) 현금	11,250	
대변) 배당금 수익		11,250*

* ₩75,000 × 15% = ₩11,250

③ FVOCI금융자산(주식) 계정의 연말잔액은 취득원가로 유지된다 : ₩1,000,000.

2) 지분법 적용

① 차변) 관계기업투자	1,000,000	
대변) 현금		1,000,000

② 차변) 관계기업투자 75,000
대변) 지분법이익 - 오성(주) 75,000*

*오성(주)의 당기순이익 ₩300,000 × 25% = ₩75,000.

차변) 현금 18,750
대변) 관계기업투자 18,750**

** 수취한 배당금 = ₩75,000 × 25% = ₩18,750.

③ 관계기업투자 계정의 연말잔액 : ₩1,000,000 + ₩75,000 − ₩18,750
= ₩1,056,250

심층문제

01. ◈ 제한시간 : 15분

(a) 20×5년 12월 31일 : 특허권의 상각

차변) 특허권 상각비 468,000*
대변) 특허권상각누계액 468,000

₩2,250,000 ÷ 5 년 =	₩450,000
(₩162,000 ÷ 54개월 = ₩3,000) × 6 =	18,000
특허권 상각비*	₩468,000

(b) 20×5년 1월 1일 : 프랜차이즈의 최초 인식(취득)

차변) 프랜차이즈 450,000
대변) 현금 450,000

20×5년 12월 31일 : 프랜차이즈의 당기 상각

차변) 프랜차이즈 상각비(₩450,000 ÷ 15) 30,000
대변) 프랜차이즈상각누계액 30,000

(c) 20×5년 중 : 당기의 비용 발생 : 연구비의 처리

	차변	대변
차변) 연구비	500,000	
대변) 현금		500,000

20×5년 12월 31일 — 분개 없음.

02. ◈ 제한시간 : 15분

1) 20×1년 11월 11일 :

	차변	대변
차변) FVOCI금융자산(주식)	150,000	
대변) 현금		150,000

2) 20×1년 말 :

	차변	대변
차변) FVOCI금융자산평가손실	20,000	
대변) FVOCI금융자산(주식)		20,000

20×2년 말 :

	차변	대변
차변) FVOCI금융자산(주식)	95,000	
대변) FVOCI금융자산평가이익		95,000

3) 20×3년 5월 8일 :

	차변	대변
차변) FVOCI금융자산	17,500	
현금	200,000	
FVOCI금융자산평가이익*	125,000	
대변) FVOCI금융자산평가이익		17,500
FVOCI금융자산		200,000
이익잉여금*		125,000

*마지막 줄 분개는 선택적으로 할 수 있다(즉, 반드시 해야 하는 분개는 아님).

03. ◈ 제한시간 : 20분

고룡(주)은 1차년도 초에 액면금액 ₩100,000의 사채를 ₩95,026에 매입하여 'FVOCI 채권' 계정으로 처리하고 FVOCI금융자산으로 분류하였으며, 이자는 매년 말에 현금지급된다. 따라서 필요한 분개는 다음과 같다.

		차변	대변
1) 매입 시 분개 :	차변) FVOCI 채권	95,026	
	대변) 현금		95,026
2) 1차년도 말 분개 :	차변) 현금	8,000	
	FVOCI 채권	974	
	대변) 이자수익		8,000
	FVOCI 채권평가이익		974
3) 2차년도 말 분개 :	차변) 현금	8,000	
	FVOCI 채권	1,000	
	대변) 이자수익		8,000
	FVOCI 채권평가이익		1,000

04.

다나아(주)의 투자지분(지분율 26%) 매입 시 :

차변) 관계기업투자	300,000	대변) 현 금	300,000

희야(주) 순이익 보고 시 :

차변) 관계기업투자	130,000	대변) 지분법이익	130,000*

* 500,000 × 지분율 26% = 130,000

다나아(주)의 배당금 수령 시 :

차변) 현 금	26,000	대변) 관계기업투자	26,000*

* 100,000 × 지분율 26% = 26,000

다나아(주)의 투자 전액 처분 시 :

차변) 현 금	1,200,000	대변) 관계기업투자	404,000*
		관계기업투자처분이익	796,000

* 관계기업투자의 장부금액 = ₩300,000 + ₩130,000 − ₩26,000
  = ₩404,000

제9장 비유동부채

객관식

01. 현재가치나 미래가치는 유입·유출되는 현금의 가치에 대한 것이지, 회계의 발생주의에 의한 수익, 비용, 순이익의 가치에 대한 것이 아니다.

정답 ①

02. 〈표 A－2〉에서 10%, 5기간에 해당하는 수치는 0.6209. 이 수치를 ₩10,000에 곱하면 된다. 〈표 A－1〉에서 10%, 5기간에 해당하는 수치는 1.6105. ₩10,000을 이 수치로 나누어도 동일한 결과가 나온다. 이 1.6105는 $(1+0.1)^5$이고 0.6209는 그 역수이다.

정답 ②

03. 2년간 24회의 현금지급이 이루어지는데, 이 각각의 월말 현금지급액을 연 12%(월 1%)로 할인한 현가(즉 연금의 현가)의 합이 현금가격 ₩24,000,000이 되어야 한다. 〈표 A－4〉에서 1%, 24기간에 해당하는 수치는 21.243. 이 수치에 매월 할부금액을 곱한 것이 ₩24,000,000이어야 하므로, ₩24,000,000/21.243 = ₩1,130,000. 혹시, ₩24,000,000의 2년간 이자 = ₩24,000,000 × 12% × 2 를 24개월로 나누면 ₩240,000 ; 여기에 원금을 4개월로 나눈 ₩1,000,000을 합하여 답을 ① ₩1,240,000로 생각한 사람도 있을 수 있다. 그러나 이 금액은, 2년 후에 한꺼번에 원리금을 지급할 때 내야 하는 돈을, 달 수인 24개로 쪼갠 금액이다. 즉, 2년간 줄곧 낸 할부금에 대해서는 할부납부 후 이자가 안 붙어야 하는데 이미 갚은 원금에 대해서도 이자를 붙여 계산한 금액이다(따라서 과다계산 된 수치임).

정답 ③

04. ① 보증사채(guaranteed bonds) : 은행 등 신용도가 높은 기관 또는 기업이 발행사채에 대한 원리금 지급을 보증하는 사채.

② 조기상환사채(callable bonds) : 발행기업이 일정한 조건이 성립하면 만기 전에 조기 상환할 수 있는 권리가 있는 사채.

③ 전환사채(CB) : 일정 조건하에서 정해진 주가(실행가격)에 주식으로 전환할 수 있는 권리가 부여된 사채.

④ 담보부 사채(secured bonds) : 부동산 등 자산이 담보로 제공된 사채.

정답 ③

05. "표시이자율 > 시장이자율" 이므로, "발행가액 > 액면금액" 이다. 즉 할증발행이 이루어진다.

정답 ③

06. 사채할증발행차금을 환입하게 되면, 그 환입액은 사채발행기업의 사채이자수익이 되는 것이 아니라 현금지급 이자에서 차감되어 사채이자비용이 산정된다.

정답 ④

07. 관계기업투자 계정은 발행채권이 아니라 발행지분증권의 20% 이상에 투자한 것을 나타낸다. 이 경우 매입기업은, 만기까지 특정일에 원리금만을 수취할 목적으로 보유할 경우, AC 금융자산을 취득원가 ₩13,700,000으로 계상하므로, 발행기업의 경우와 달리 사채할인차금 ₩1,300,000은 별도로 계상하지 않는다.

정답 ④

08. ①의 급여는 당기의 확정비용이다 (퇴직급여는 별개이다).

정답 ①

09. 손실충당금은 추정에 의해 그 금액이 측정되지만 부채가 아니라 자산에 대한 차감계정이다. 공사보증충당부채는 제품보증충당부채와 성격이 같은 것으로 충당(추정)부채이다.

정답 ①

10. 충당(추정)부채는 다른 자산 또는 부채를 차감하는 차감적 (평가)계정(contra account)이 아니다.

정답 ②

11. 기중 분개 : 차변) 퇴직급여충당부채 3,000,000 대변) 현 금 3,000,000

기말 분개 : 차변) 퇴직급여 14,000,000 대변) 퇴직급여충당부채 14,000,000

④ 퇴직급여(비용) = ₩14,000,000 = 당기말 필요 퇴직급여충당부채 잔액 ₩32,000,000
− 현재 잔액 ₩18,000,000(= 전기말 퇴직급여충당부채 잔액 ₩21,000,000
− 기중 퇴직금 지급액 ₩3,000,000).

정답 ③

기초문제

01. ◈ 제한시간 : 2~3분

$₩10,000 \times (1 + 0.10)^3 = ₩10,000 \times 1.331 = ₩13,310$

02. ◈ 제한시간 : 2~3분

$₩300,000/(1+0.10)^3 = ₩300,000/1.331 = ₩300,000 \times 0.7513$

$= ₩225,390.$

03. ◈ 제한시간 : 3~5분

5년 후 연금의 미래가치 = ₩20,000,000 = 매년 적금액 × 연금 미래가치(5년, 7%).

여기서 연금은 문제 내용상 이상연금(annuity due : 연금이 첫 기간의 초부터 시작하여 매 기간 초 지급)이다. 그런데 부록 〈표 A-3〉과 같은 연금가치표는 일반적으로 정상연금(ordinary annuity : 연금이 첫 기간의 말부터 시작하여 매 기간 말 지급)에 대해 작성되어 있다. 따라서 이상연금은 정상연금보다 모든 구성 현금흐름이 한 기간 앞서 이루어지므로, 이상연금 미래가치(5년, 7%) = 정상연금 미래가치(5년, 7%) × (1 + 7%)이다. 즉 부록 〈표 A-3〉에서의 (정상)연금 미래가치(5년, 7%) = 5.7507에 1.07을 곱한 6.153이 이상연금 미래가치(5년, 7%)가 된다.

따라서 매년 적금액 = ₩20,000,000/6.153 = ₩3,250,447.

04. ◈ 제한시간 : 4~5분

발행가액(현재가치) 계산 : 부록 〈표 A-2〉, 〈표 A-4〉 이용.

5년 후 만기금액(₩1,000,000)의 현재가치 :

₩1,000,000 × 현가요소(5년, 8%) = ₩1,000,000 × 0.6806 = ₩680,600

5년간 이자(₩1,000,000 × 5%)의 현재가치 :

₩50,000 × 연금현가요소(5년, 8%) = ₩50,000 × 3.9927 = ₩199,635

만기금액 및 이자의 현재가치 합계 ₩880,235

05. ◈ 제한시간 : 7분

20×5년

일자	계정과목	차변	대변
1월 1일	AC금융자산(사채)	318,000	
	현금		318,000
12월 31일	현금	30,000**	
	유가증권(사채)이자수익		25,440*
	AC금융자산(사채)		4,560***

* ₩318,000 × 8% = ₩25,440.

** ₩300,000 × 10% = ₩30,000.

*** ₩30,000 − ₩25,440 = ₩4,560.

06. ◈ 제한시간 : 10~13분

1) 사채의 발행가격 = 매년 사채이자 현금지급액의 현가 + 만기일의 액면금액의 현가
= [₩120,000 × 연금현가(15%, 10년)]
+ [₩1,000,000 × 목돈현가(15%, 10년)]
= (₩120,000 × 5.0188 + ₩1,000,000 × 0.2472)
= ₩602,256 + ₩247,200 = ₩849,456

2) 사채의 발행가격 = 매년 사채이자 현금지급액의 현가 + 만기일의 액면금액의 현가
= [₩120,000 × 연금현가(10%, 10년)]
+ [₩1,000,000 × 목돈현가(10%, 10년)]
= (₩120,000 × 6.1446 + ₩1,000,000 × 0.3855)
= ₩737,352 + ₩385,500 = ₩1,122,852

3) 사채의 발행가격 = [₩100,000 × 연금현가(15%, 10년)]
+ [₩1,000,000 × 목돈현가(15%, 10년)]
= (₩100,000 × 5.0188 + ₩1,000,000 × 0.2472)
= ₩501,880 × ₩247,200 = ₩749,080

07. ◈ 제한시간 : 10~12분

1) ₩204,000 (₩200,000 × 1.02)

2) ₩8,000 (₩200,000 × 0.08/2)

3) 할증발행차금 환입액 : ₩200 (₩204,000 − ₩200,000)/20

4) ₩7,800 (₩8,000 − ₩200)

5) ₩203,800 (₩204,000 − ₩200)

08. ◈ 제한시간 : 7분

1) 차변) 제품보증충당부채 1,000
제품보증비용 4,000 대변) 현금 5,000

2) 기말 제품보증충당부채 = ₩2,000 = 기초 제품보증충당부채 ₩1,000
(= 전기말 제품보증충당부채 ₩400,000 × 1% − ₩3,000)
− 당기 제품보증 이행액 ₩5,000
+ 당기 제품보증비용 ₩6,000(= ₩600,000 × 1%)

3) 위 결과와 일치시키는 다음과 같은 분개, 즉 수정분개가 필요 :
차변) 제품보증비용 2,000 대변) 제품보증충당부채 2,000

심층문제

01. ◈ 제한시간 : 3~5분

1) 연 ₩5억 × 연금현가(10%, 6년) = 연 ₩5억 × 4.3553 = ₩21.8억
2) 연 ₩5억 × 연금현가(15%, 6년) = 연 ₩5억 × 3.7845 = ₩18.9억

02. ◈ 제한시간 : 3~5분

연 할부금 × 연금현가(10%, 5년) = ₩2,000만
연 할부금 × 3.7908 = ₩2,000만
따라서, 연 할부금 = ₩2,000만/3.7908 = ₩527.6만

03. ◈ 제한시간 : 5~8분

20×5년 1월 1일

현금	760,000	
사채할인발행차금	40,000	
AC금융부채-사채 (또는 사채)		800,000

20×5년 12월 31일

사채이자비용	48,000	
사채할인발행차금		8,000
미지급사채이자		40,000

(매년 발생하는 사채이자와 상각의 기록)

20×6년 1월 1일

미지급사채이자	40,000	
현금		40,000

(미지급사채이자의 지급을 기록)

04. ◈ 제한시간 : 10~13분

(a)

6월 30일	AC금융부채-사채 (또는사채)	160,000	
	사채상환손실	19,500	
	사채할인발행차금		16,300*
	현금		163,200**

* ₩160,000 – ₩143,700 = ₩16,300.

** ₩160,000 × 1.02 = ₩163,200.

(b)

6월 30일	AC금융부채-사채 (또는사채)	220,000	
	사채할인발행차금		6,000*
	사채상환이익		2,800
	현금		211,200**

* ₩220,000 – ₩214,000 = ₩6,000.

** ₩220,000 × 96% = ₩211,200.

05. ◈ 제한시간 : 25~30분

1) 사채의 발행가격 = (₩80,000 × 6.1446 + ₩1,000,000 × 0.3855)

= ₩491,568 + ₩385,500 = ₩877,068

2)

	현금지급이자	사채이자비용	당기상각액	미상각잔액	장부금액
20×0. 1. 1				₩122,932	₩877,068
20×0. 12.31	₩80,000	₩87,707	₩7,707	₩115,225	₩884,775
20×1. 12.31	₩80,000	₩88,477	₩8,477	₩106,748	₩893,252
20×2. 12.31	₩80,000	₩89,325	₩9,325	₩97,422	₩902,578
20×3. 12.31	₩80,000	₩90,258	₩10,258	₩87,165	₩912,835
20×4. 12.31	₩80,000	₩91,284	₩11,284	₩75,881	₩924,119
20×5. 12.31	₩80,000	₩92,412	₩12,412	₩63,469	₩936,531
20×6. 12.31	₩80,000	₩93,653	₩13,653	₩49,816	₩950,184
20×7. 12.31	₩80,000	₩95,018	₩15,018	₩34,798	₩965,202
20×8. 12.31	₩80,000	₩96,520	₩16,520	₩18,278	₩981,722
20×9. 12.31	₩80,000	₩98,278	₩18,278	₩0	₩1,000,000

참고 : 위 계산표에서 계산하면 사채의 만기일인 20×9. 12.31의 사채이자비용과 당기상각액은 각각 ₩98,172와 ₩18,172이 된다(₩98,278과 ₩18,278이 아니라). 그러나 사채의 만기일에는 미상각잔액은 ₩0이 되어 장부금액은 액면금액인 ₩1,000,000이 되어야 한다. 따라서 이 만기일에 20×8. 12.31의 미상각잔액 ₩18,278을 상각한다(₩18,172 대신). 이렇게 약간의 미미한 금액 차이(₩106)가 나는 것은 계산과정에서 소수점 이하의 수를 반올림한 때문이다.

3) 분개 :

20×0년

1/1 : 차변) 현금	877,068	대변) AC금융부채-사채(또는사채)	1,000,000
사채할인발행차금	122,932		

12/31 : 차변) 사채이자비용 87,707 대변) 현금 80,000
사채할인발행차금 7,707

20×1년

12/31 : 차변) 사채이자비용 88,477 대변) 현금 80,000
사채할인발행차금 8,477

20×9년

12/31 : 차변) 사채이자비용 98,278 대변) 현금 80,000
사채할인발행차금 18,278

AC금융부채-사채 (또는 사채) 1,000,000 현금 1,000,000

06. ◈ 제한시간 : 10~15분

1)

시점	사채이자 지급액 − 6%	사채이자 비용 − 10%	할인발행 차금 상각액	할인발행차금잔액	사채 장부금액
전기말				₩30,000	₩170,000
당기말	₩12,000	₩17,000	₩5,000	₩25,000	₩175,000
	=6% × ₩200,000	=10% × ₩170,000	=₩17,000 − ₩12,000		

위 표에서 보듯이, 현금지급하는 금액 = ₩12,000,
손익계산서상 사채이자비용 = ₩17,000.

2) 당기말에 필요한 분개 :

차변) 사채이자비용 17,000* 대변) 현금 12,000
사채할인발행차금 5,000

* 차변) 사채이자비용 17,000을 12,000과 5,000으로 둘로 나누어 두 번 기입할 수 있음.

3) 사채상환이익

= 상환 시(당기초) 사채의 장부금액 - 상환 지급액

= (₩200,000 - ₩30,000) - ₩160,000 = +₩10,000.

조기 상환 시 해야 하는 분개 :

차변) AC금융부채-사채(또는사채)	200,000	대변) 현금	160,000
		사채할인발행차금	30,000
		사채상환이익	10,000

07. ◈ 제한시간 : 10~15분

1) 20×1년도 수선비용의 기대가치(기대치) :

(70% × ₩0) + (20% × ₩100,000) + (10% × ₩300,000) = ₩50,000

2) 20×1년 중 전자부품매출 관련 보증이행에 ₩32,000의 현금 지급, 20×2년에 ₩4,300,000의 매출, ₩52,000의 제품보증서비스 이행, 동년 매출에 대한 제품보증비용 기대치 ₩63,000의 산정을 바탕으로, 필요한 분개를 하면 다음과 같다.

20×1년도와 20×2년도 기중 및 기말 분개 :

20×1년 기중 :	차변) 제품보증비용	32,000	대변) 현금	32,000
20×1년 기말 :	차변) 제품보증비용	18,000	대변) 제품보증충당부채	18,000
20×2년 기중 :	차변) 제품보증충당부채	18,000	대변) 현금	52,000
	제품보증비용	34,000		
20×2년 기말 :	차변) 제품보증비용	29,000	대변) 제품보증충당부채	29,000

제 10 장 자 본

객관식

01. 상환우선주 : 발행회사가 상환할 수 있는 권리를 가진 우선주.

전환우선주 : 보통주로 전환할 수 있는 권리를 가진 우선주.

누적적 우선주 : 연체배당금(dividends in arrears)을 소급하여 당년도에 우선 배당받을 수 있는 권리가 있는 우선주.

정답 ④

02. 수권자본금은 정관상 이사회가 발행할 수 있는 주식의 한도 수를 액면금액에 곱한 것으로서, 그 한도 내에서 (납입)자본금이 정해진다. ④의 납입자본(contributed capital 또는 paid-in capital)은 자본금과 주식발행초과금의 합이다.

정답 ①

03. 주식할인발행차금은 자본조정에 속하고, 그 상각이 이루어지면서 이익잉여금이 감소한다.

정답 ②

04. 회사가 일시 여유자금을 활용하기 위해 자기주식을 취득하지는 않는다.

정답 ②

05. 자기주식처분이익은 자본잉여금에 속하므로 배당의 재원(財源)이 될 수 없다. 자기주식처분 시 손실이 있을 때는 우선 자기주식처분이익 잔액과 상쇄(차감)하고, 계정에서 차감하고, 그 잔액이 부족하면 자본조정에 속하는 자기주식처분손실 계정으로 처리한다. 자기주식처분이익이 발생하면, 현금 등 운전자본이나 순자산은 당연히 증가한다.

정답 ④

06. 감자차손은 주식의 유상소각(실질적 감자) 시 나타날 수 있는 계정이다.

정답 ①

07. 이 경우는 무상소각으로서 회사의 총자본의 변화는 없다.
소각전 총자본 = 자본금 ₩5,000,000 – 이월결손금 ₩4,000,000 = ₩1,000,000.
소각후 총자본 = 자본금 ₩500,000 + 감자차익 500,000 = ₩1,000,000.

분개 :	차변) 자본금	4,500,000*	대변) 이월결손금	4,000,000
			감자차익	500,000

* (10,000주 × 9/10) × ₩500 = ₩4,500,000

정답 ④

08. 회계정책변경(누적)효과가 이익일 경우에는 이익잉여금의 증가 요인일 수 있으나, 배당은 항상 이익잉여금의 감소 요인이다.

정답 ④

09. 이익준비금이나 임의적립금의 적립은 이익잉여금 간의 이전거래로서 이익잉여금 자체를 감소시키는 것은 아니고, 이익잉여금의 배당(처분)을 제한하는 효과를 가진다. 주식할인발행차금의 반대말은 주식발행초과금이고, 따라서 주식할증발행차금이라는 말은 없다. 주식발행초과금은 자본잉여금으로서, 이에 대해서는 상각 또는 환입이 이루어지지 않으며, 자본(금)으로의 전입이 이루어질 때 이익잉여금이 감소한다.

정답 ③

10. 이익준비금은 상법상 현금배당액의 10% 이상을 적립해야 하는 법정적립금이다. 법정적립금은 이월결손금 전보 및 자본(금)전입에만 사용할 수 있고, 따라서 이익배당가능액의 크기에 영향을 미친다. ③의 진술은 임의적립금 중 특히 적극적 적립금에 대한 설명이다.

정답 ③

기초문제

01. ◈ 제한시간 : 5~7분

1월 15일	차변) 현금	3,500,000	
	대변) 보통주자본금		500,000
	주식발행초과금		3,000,000
9월 5일	차변) 자기주식	160,000	
	대변) 현금		160,000
12월 6일	차변) 이익잉여금	480,000	
	대변) 미지급배당금		480,000*

* (500,000 − 20,000) × ₩1

02. ◈ 제한시간 : 5~7분

7월 1일	차변) 현금	170,000	
	대변) 보통주자본금		120,000
	내변) 주식발행초과금		50,000
9월 1일	차변) 자기주식	60,000	
	대변) 현금		60,000

03. ◈ 제한시간 : 3분

			차변	대변
1월 1일	차변) 현금		120,000	
		대변) 보통주자본금		30,000
		주식발행초과금		90,000
3월 1일	차변) 자기주식		28,000	
		대변) 현금		28,000

04. ◈ 제한시간 : 5~7분

항 목	납입자본 자본금	납입자본 주식발행초과금	이익잉여금
① 우선주 액면가 발행	+	0	0
② 보통주식 액면가 초과 발행	+	+	0
③ 보통주식의 2:1 주식분할	0	0	0
④ 주식배당 결의(시가 > 액면가)	0	0	−
⑤ 현금배당 결의	0	0	−
⑥ 주식배당에 따른 보통주식 발행	+	0	0
⑦ 보통주식 액면가 발행	+	0	0
⑧ 현금배당 지급	0	0	0

05. ◈ 제한시간 : 10분

1)

	미처분이익잉여금	+	이익준비금	=	이익잉여금 총액
20×1년 2.20	₩600,000		₩500,000		₩1,100,000
20×1년 당기순이익	200,000		-		200,000
20×1년 말	₩800,000		₩500,000		₩1,300,000

2) 20×2년 2월 주주총회 결의로써 처분가능한 이익잉여금

= 20×1년 말 미처분이익잉여금 = ₩800,000

3) 20×2년 2월 주주총회 결의 직후, 이익잉여금 총액 :

	미처분이익잉여금	+	이익준비금	=	이익잉여금 총액
20×1년 2.20 주총 후	₩600,000		₩500,000		₩1,100,000
20×1년 당기순이익	200,000		-		200,000
20×1년 말	₩800,000		₩500,000		₩1,300,000
20×2년 2.25 주총	-400,000		100,000		-300,000
20×2년 2.25 주총 후	₩400,000		₩600,000		₩1,000,000

06. ◈ 제한시간 : 5~7분

	발행주식 수	주당액면금액	자본금	주식발행초과금	이익잉여금(총액)	자본총액
주식배당	(+)	(0)	(+)	(0)	(-)	(0)
무상증자	(+)	(0)	(+)	(-)	(-)	(0)
주식분할	(+)	(-)	(0)	(0)	(0)	(0)
주식병합 (액면가 증가)	-	+	(0)	(0)	(0)	(0)

07. ◈ 제한시간 : 10분

1) 정선금융(주)의 주주가 납입한 자본(즉, 납입자본)

보통주자본금	₩5,000,000
주식발행초과금	3,000,000
납입자본	₩8,000,000

2) ~ 3) 이익잉여금, 법정적립금, 임의적립금 각각 총액

법정적립금	이익준비금		₩500,000
임의적립금	사업확장적립금	₩650,000	
	배당평균적립금	300,000	₩950,000
미처분이익잉여금	전기이월	₩200,000	
	당기순이익	150,000	₩350,000
이익잉여금 총액			₩1,800,000

4) 이익배당 가능 최대금액 : 당기말 미처분이익잉여금 ₩350,000

5) 이익잉여금 총액은 변하지 않으나, 미처분이익잉여금은 동액만큼 증가하여 ₩450,000이 된다.

08. ◈ 제한시간 : 20분

1)

20×2년 2월 26일 주주총회 직후 미처분이익잉여금	₩300,000
20×2년도 포괄손익계산서상 당기순이익	800,000
20×3년 2월 주주총회 시 사업확장적립금 중 이입액	400,000
20×3년 2월 주주총회에서 처분가능한 이익잉여금	₩1,500,000

2) ① 20×2년도 말 마감 시 :

차변) 집합손익 800,000
　　대변) (미처분)이익잉여금 800,000

② 차변) 사업확장적립금 400,000
　　대변) 미처분이익잉여금 400,000

차변) 미처분이익잉여금 600,000
　　대변) 이익준비금 100,000
　　　　배당평균적립금 200,000
　　　　미지급배당금 300,000

③ 20×3년 3월 배당금 ₩300,000의 현금지급

차변) 미지급배당금 300,000
　　대변) 현금 300,000

3) 20×3년 2월 주주총회 결의 직후, 이익잉여금의 구성

	20×3년 2월 주주총회 직후	20×2년 2월 주주총회 직후
이익준비금	₩8,600,000	₩8,500,000
사업확장적립금	600,000	1,000,000
배당평균적립금	200,000	0
미처분이익잉여금	900,000	300,000
이익잉여금 합계	₩10,300,000	₩9,800,000

20×3년 2월 주주총회 직후 당기말 미처분이익잉여금(₩900,000) = 전기말 미처분이익잉여금(₩300,000) + 당기순이익에 의한 미처분이익잉여금 증가(₩800,000) + 사업확장적립금 이입액(₩400,000) - 세 종류의 미처분이익잉여금 처분액(₩600,000)

09. ◈ 제한시간 : 10~15분

1) 주당이익(EPS) 계산을 위한 가중평균주식수

= 가중평균 유통보통주식수 = (5,000주 × 8/12) + (8,000주 × 4/12) = 6,000주.

2) 주당이익(EPS) 계산 :

주당이익 계산에서 분자 : 보통주에 귀속되는 순이익

= 당기순이익 – 우선주배당소요액 = ₩12,300,000 – ₩5,000 × 1,000 × 6%

= ₩12,300,000 – ₩300,000 = ₩12,000,000.

따라서, 주당이익(EPS) = ₩12,000,000/6,000주 = ₩2,000/주.

[주당계속영업이익 계산에서 분자 : 보통주에 귀속되는 계속영업이익

= 당기순이익 + 중단영업관련손실(손익계산서 표시 수치는 이미 세후 금액임)

– 우선주배당소요액 = ₩12,300,000 + ₩3,000,000 – ₩300,000

= ₩15,000,000.

따라서, 주당계속영업이익 = ₩15,000,000/6,000주 = ₩2,500/주]

심층문제

01. ◈ 제한시간 : 10~15분

1) 보통주 발행주식 수 : 300,000. ₩1,500,000 ÷ 액면가 ₩5

2) 보통주 유통주식 수 : 285,000. 발행주식 300,000 – 자기주식 15,000

3) 보통주식의 발행 당시 발행주식 대금 총액 : ₩1,620,000

보통주자본금	₩1,500,000
가산 : 주식발행초과금	120,000
합계	₩1,620,000

4) 자기주식의 주당 취득원가 : ₩16 : ₩240,000 ÷ 15,000 = 주당 ₩16

5) 보통주식의 평균 발행가격 : ₩5.40 : ₩1,620,000 ÷ 300,000 주 = 주당 ₩5.40

02. ◈ 제한시간 : 10분

1) 매입 : 차변) 자기주식 120,000,000 대변) 현금 120,000,000

	차변		대변	
소각 :	자본금	100,000,000	자기주식	120,000,000
	감자차손	20,000,000		

또는, 위 두 사건을 동시에 처리 :

	차변		대변	
매입과 소각 :	자본금	100,000,000	현금	120,000,000
	감자차손	20,000,000		

2)

	차변		대변	
매입 :	자기주식	90,000,000	현금	90,000,000
소각 :	자본금	100,000,000	자기주식	90,000,000
			감자차익	10,000,000

또는, 위 두 사건을 동시에 처리 :

	차변		대변	
매입과 소각 :	자본금	100,000,000	현금	90,000,000
			감자차익	10,000,000

03. ◈ 제한시간 : 3분

결손금 ₩14,600,000을 전보하므로 답은 다음과 같다.

차변) 자본금	15,000,000	대변) 이익잉여금(결손금)	14,600,000
		감자차익	400,000

사례의 경우 자산은 감소하지 않으며, 자본금은 ₩15,000,000만큼 감소하게 되고, 이익잉여금(이월결손금)은 ₩0이 된다.

04. ◈ 제한시간 : 3~5분

이 문제는 배당 관련 자료만 제외하면 기초문제 8번과 동일합니다. 물론, 지시사항은 이 문제에서 배당에 초점을 둔 점이 기초문제 8번과 다릅니다.

1) 100주 (= ₩100,000/주당₩1,000)

2) 현금배당 : 차변) 미처분이익잉여금(배당금) 200,000 대변) 미지급배당금 200,000
   주식배당 : 차변) 미처분이익잉여금 100,000 대변) 미교부주식배당금 100,000

3) 현금배당 : 차변) 미지급배당금 200,000 대변) 현금 200,000
   주식배당 : 차변) 미교부주식배당금 100,000 대변) 자본금 100,000

05. ◈ 제한시간 : 15~20분

1) 1,600주 (=₩8,000,000/주당₩5,000)

2) - 무상분배 주식수 : 800주 (= ₩4,000,000/주당₩5,000, 또한 1,600주/2)
   - 분개 : 차변) 주식발행초과금 3,000,000 대변) 자본금 4,000,000
     이익준비금 1,000,000

3) 무상증자는 기업 순자산이나 미래현금흐름에 직접 영향을 미치지 않으므로 기업가치, 즉 ₩40,000 × 1,600주는 변함이 없어야 함. 따라서 무상증자 직후 새 이론적 주가 = ₩40,000 × 1,600주/2,400주 = ₩40,000/1.5 = ₩ 26,667이 되어야 한다. 발행주식수의 증가비율(1,600주 → 2,400주로 1.5배)만큼 주가가 하락해야 함.

4) 액면분할 직후 발행주식 수 = 2,400주 × 5 = 12,000주.
액면분할의 경우에는 관련분개가 필요 없음.

5) 액면분할 역시 기업 순자산이나 미래현금흐름에 직접 영향을 미치지 않으므로, 발행주식수의 증가비율(2,400주 → 12,000주로 5배)만큼 주가를 떨어뜨리므로, 액면분할 직후 이론적 주가는 ₩9,200(=₩46,000/5)이 되어야 함.

6)

자 본		
납입자본 :	보통주자본금	(₩12,000,000)
	주식발행초과금	(1,000,000)
이익잉여금 :	이익준비금	(2,000,000)
	미처분이익잉여금	(500,000)
자본 총계		(₩15,500,000)

해설 : 보통주자본금 = 12,000주 × 액면가 ₩1,000 = ₩12,000,000

주식발행초과금 = ₩4,000,000 − ₩3,000,000(무상증자로 자본금전입)
= ₩1,000,000

이익준비금 = ₩3,000,000 − ₩1,000,000(무상증자로 자본금전입)
= ₩2,000,000

미처분이익잉여금 = ₩500,000 (변화 없음)

06. ◈ 제한시간 : 5~8분

1) 보통주 귀속 당기순이익 = ₩4,500,000 − ₩10,000 × 2,000 × 8%

= ₩2,900,000

2) 20×6년도 보통주의 가중평균 유통주식수 :

(8,000주 × 3/12) + (12,000주 × 3/12) + (10,000주 × 6/12)

= 2,000주 + 3,000주 + 5,000주 = 10,000주

3) 20×6년도 주당이익 :

주당이익 = 보통주에 귀속되는 당기순이익/가중평균유통주식수

= ₩2,900,000/10,000 = ₩290

07. ◈ 제한시간 : 7~10분

자본변동표

청운건설(주) 20×3년 1월1일~20×3년 12월31일

	자본금	주식발행초과금	이익잉여금(총액)	자기주식	자본총계
기초 : 20×3/1/1	₩4,000,000	₩2,000,000	₩3,000,000	₩0	₩9,000,000
이익준비금*			0		
연차배당			(500,000)		(500,000)
유상증자	500,000	2,500,000			3,000,000
무상증자	1,000,000	(1,000,000)			−
자기주식				(400,000)	(400,000)
당기순이익			1,500,000		1,500,000
기말 : 20×3/12/31	₩5,500,000	₩3,500,000	₩4,000,000	₩(400,000)	₩12,600,000

① 2월20일 : *이익준비금의 ₩100,000 적립은 미처분이익잉여금의 감소를 가져오므로 이익잉여금 총액에 변동을 가져오지 않는다. 한편, 현금 배당 ₩500,000 결의는 미처분이익잉여금의 감소를 가져오므로 이익잉여금 총액을 그만큼 감소시킨다.

② 6월30일 : 보통주 500주(액면금액 ₩1,000)의 주당 ₩6,000 가격에 신규 발행으로 자본금과 주식발행초과금이 증가한다.

③ 9월30일 : 주식발행초과금 ₩1,000,000을 재원으로 한 무상증자는 주식발행초과금으로부터 자본금으로 동액을 이전시킨다.

④ 12월28일 : 주당 ₩8,000에 자기주식 50주 취득은 ₩400,000만큼 자본을 감소시킨다.

⑤ 12월28일 : 당기순이익 ₩1,500,000 확정으로 미처분이익잉여금이 증가한다.

제 11 장 기업가치 분석과 신용분석

객관식

01. 기본적 분석의 주요 절차는 ③ → ① → ④이다. 신용분석은 기본적 분석과는 다른 차원의 분석이다.

정답 ②

02. 일반정보의 분석은 재무제표 분석과 다른 별도 방식으로 이루어진다.

정답 ④

03. 매출액을 출발점으로 하여 EPS까지 추정한 후, PER 추정하고, 이 두 추정치, EPS와 PER를 이용하여 주가를 추정한다.

정답 ①

04. EPS = 보통주 귀속 순이익/유통보통주식 수

= (당기순이익 – 우선주배당금) ÷ (발행주식 수 – 자기주식 수)

= (₩1,200 – ₩200) ÷ (500 – 100) = ₩2.5

정답 ③

05. ③ EPS × PER = EPS × 주가/EPS = 주가. 다른 식은 아무 의미가 없는 것이다.

정답 ③

06. ① 자기자본비율 : C 안정성 ② 총자산 회전율 : B 활동성

③ 자기자본 이익률 : A 수익성

07. ①, ③은 모두 분자에 손익계산서 항목, 분모에 재무상태표 항목을 이용한 비율이고, ④ 자기자본비율 = 자기자본/총자산 : 분모·분자에 재무상태표 항목만을 이용한 재무상태표 비율이다. 매출액 순이익률 = 순이익/매출액.

정답 ②

08. 신용분석에서는 채무자의 원리금 지급능력이 분석의 최대 초점이다. 그것은 여러 기업특성 중 안정성과 직결된다.

정답 ②

09. 신용분석의 궁극적 관심은 채무자의 원리금 지급능력이다.

① 수익성이 높다고 채권자가 받을 수 있는 이자가 증가하는 것이 아니다.

② 주주가 받을 수 있는 배당금의 증가 자체는 신용분석의 관심사가 아니다.

④ 수익성이 높다고 당해기업의 현금회수율이 높아지는 것이 아니다.

정답 ③

10. 이자보상비율 = 이자 차감전 이익 ÷ 이자비용

= (당기순이익 + 이자비용) ÷ 이자비용

= (₩200 + ₩100)/₩100 = 3

정답 ④

11. ①, ②, ③은 모두 비재무적 요인이고, ④의 매출액증가율은 재무적 요인이다.

정답 ④

기초문제

01. ◈ 제한시간 : 8~12분

수평분석

	20×5년 12월 31일	20×4년 12월 31일
매출채권	112%	100%
재고	129%	100%
자산 총계	107%	100%

수직분석

	20×5년 12월 31일	20×4년 12월 31일
매출채권	21%	20%
재고	14%	12%
자산 총계	100%	100%

02. ◈ 제한시간 : 8~12분

항목	20×5년	20×4년	20×3년
순매출	113%	106%	100%
매출원가	110%	103%	100%
매출총이익	119%	113%	100%

순매출의 추세는 증가하고 있어 유리하다. 매출원가 추세는 증가하고 있는데, 이는 불리한 것일 수 있으나 매출이 매출원가보다 빠른 속도로 증가하고 있어 유리하다. 이것은 증가추세를 보이는 매출총이익 백분율을 보아도 명백하다.

03. ◈ 제한시간 : 6~10분

$$\frac{₩100{,}000 - ₩5{,}000}{[50{,}000 + (10{,}000 \div 2)]} = \frac{₩95{,}000}{55{,}000} = ₩1.73$$

1) 주당이익(EPS)

$$\frac{₩18.00}{₩1.73} = 10.4\text{회}$$

2) 주가-이익 비율(PER)

$$\frac{₩100{,}000 + ₩25{,}000 + ₩20{,}000}{₩25{,}000} = 5.8\text{회}$$

3) 이자보상비율

심층문제

01. ◈ 제한시간 : 14~19분

황병(주)

비교 재무상태표

20×5년 12월 31일

	20×5년		20×4년		
	2)		2)		1)
자산	금액	비율	금액	비율	백분율 변화
유동자산	₩340	33%	₩280	35%	21%
유형자산	675	67	520	65	30%
자산 총계	₩1,015	100%	₩800	100%	27%
부채와 자본					
유동부채	₩180	18%	₩120	15%	50%
장기채무	250	25	160	20	56%
보통주자본금	325	32	320	40	2%
이익잉여금	260	25	200	25	30%
부채와 자본 총계	₩1,015	100%	₩800	100%	27%

02. ◈ 제한시간 : 10~15분

① 재고회전율 : <u>4.3회.</u> ₩600,000/[(₩130,000 + ₩150,000) ÷ 2] = 4.3.

② 이자보상비율 : <u>6.3회.</u> (₩150,000 + ₩60,000 + ₩40,000)/₩40,000 = 6.3.

③ 매출채권회전율 : <u>4.3회.</u> ₩800,000/[(₩175,000 + ₩200,000) ÷ 2] = 4.3.

④ 총자산이익률 : <u>15.8%.</u> ₩150,000/[(₩1,100,000 + ₩800,000) ÷ 2] = 15.8%.

⑤ 유동부채에 대한 현금흐름 비율 : <u>1.76회.</u>

₩220,000/[(₩140,000 + ₩110,000) ÷ 2 = 1.76.

03. ◈ 제한시간 : 15~20분

1) 유동비율 : 3.6. ₩235,000/₩65,000 = 3.6

2) 보통주 자본이익률 : 30.93%. ₩75,000/[(₩265,000+₩220,000) ÷ 2] = 0.3093.

3) 주가-이익 비율(PER) : 12.4회. EPS = ₩75,000/62,000 = ₩1.21.
₩15/₩1.21 = 12.4회

4) 재고회전율 : 1.15회. ₩184,000/[(₩150,000 + ₩170,000) ÷ 2] = 1.15.

5) 매출채권회전율 : 10.3회. ₩360,000/[(₩40,000 + ₩30,000) ÷ 2] = 10.3.

6) 이자보상비율 : 6회. (₩75,000 + ₩30,000 + ₩21,000)/₩21,000 = 6.

7) 매출액순이익률 : 20.8%. ₩75,000/₩360,000 = 0.208.

8) 평균 재고보유기간 : 317.4일 365일 ÷ 1.15 = 317.4.

9) 배당성향 : 67%. ₩50,000/₩75,000 = 0.67.

10) 총자산이익률 : 16.6%. ₩75,000/[(₩405,000 + ₩500,000) ÷ 2] = 0.166.

11) 영업현금 부채비율 : 31%. ₩65,000/[(₩140,000 + ₩280,000) ÷ 2] = 0.31.

제 12 장 경영회계의 기초

객관식

01. 원가대상은 원가계산의 제품 또는 서비스에 국한되지 않고, 목적에 따라 여러 가지로 달라질 수 있다. 예를 들어, 기업내부활동인 주문서 작성, 품질검사 등의 활동이나 영업부서와 같은 부문도 필요하다면 원가대상이 된다.

정답 ③

02. 원가계산 정확도는 직접원가 비중이 높을수록, 선택된 원가배부기준의 제조간접원가 변화에 대한 설명력, 즉 그 기준의 적절성이 높을수록 높아진다.

정답 ④

03. 원가시스템의 구성요소는 ①, ③, ④이다. 원가추적(cost tracing)은 구성요소가 아니다.

정답 ②

04. 원가배부기준이란 말은 직접원가가 아니라 간접원가에 사용되므로 진술 ②는 그 타당성 여부와 관계없이 답이 될 수 없다. 복수의 원가대상에 공통적으로 발생되는 것은 간접원가이고 이 특성은 계산 정확성을 저해하는 요인이므로 진술 ③도 답이 될 수 없다.

정답 ①

05. ① 제조간접원가는 일반적으로 세부비용항목이 단순하지 않고 상당히 복잡하고 많다.
② 제조간접원가의 비용항목은 일반적으로 서로 상당히 이질적이다.
③ 사장실의 비품감가상각비, 판매시설의 감가상각비 등은 제조간접원가가 아니고, 물류

관리비에 속한다. 즉, 제조원가와 관련이 멀다.

정답 ④

06. 예정배부율은 간접원가와 관련되고, 원가의 발생과 동시에 제품별로 즉시 집계되는 것은 직접원가이다. 예정배부율은 원가절감과 직접 관계가 없으며, 이의 사용으로 원가계산의 정확성은 오히려 낮아질 수 있다. 따라서 ②, ③, ④는 답이 될 수 없다.

정답 ①

07. 자동화의 진전으로 수선유지비, 소프트웨어비용 등의 간접비의 비중이 증가하고, 조립라인에 직접 종사하는 인력에 소요되는 비용의 비중은 감소하였다. 전문인력의 필요성이 증대되었지만 이는 직접노무원가가 아니라 간접노무원가이므로, 제조간접원가의 증대를 야기했다. 이러한 제조간접원가의 비중 증가로 제조간접원가의 배부가 제품원가에 미치는 영향은 매우 커지게 되었다.

정답 ②

08. 고정원가와 관련되는 것이더라도 제조간접원가 항목의 발생 금액에 영향을 주는 것이면 원가동인(cost driver)이 될 수 있다. ②의 제품설계비용에 대한 문장은 바로 그것을 말한 것이다.

정답 ①

09. 관련범위(Relevant Range)란 총수익선과 총원가선이 판매량 등 조업도와 직선적(선형적) 관계를 유지하고 있다고 간주할 수 있는 조업도 범위이다.

정답 ③

10. 투자중심점 성과평가에서 경영자 인센티브로서 기업 목적과 일치하기 위해 가장 적합한 것은 보기 중에서 잔여이익이다.

정답 ②

11. 고정원가 ₩3천만은 생산과 무관하게 발생하므로, 즉 외부조달 시에도 발생하므로 부품 단위당 관련 원가에서 제외해야 한다. 따라서 자체제작의 경우 관련 원가는 변동원가만으로 구성되어 ₩4,000이다. 이것은 외부조달 원가 ₩5,000보다 싸므로 자체제작이 유리하다.

정답 ③

12. 이 경우 자체제작의 관련 원가는 변동원가와 회피가능한 감독급여 ₩2,000만(부품 단위당 ₩2,000)으로 구성되어 ₩6,000이다. 이것은 외부조달 원가 ₩5,000보다 비싸므로 외부조달이 유리하다.

정답 ①

13. 생산에 제약요소가 존재하는데, 그것은 특수 노동력 시간이다. 따라서 이익극대화를 위해서는 우선 특수노동력을 효율적으로 이용해야 한다. 그것은 특수노동력 1시간당 공헌이익이 최대가 되는 제품에 주력하는 것이다.

특수노동력 1시간당 공헌이익

- 제품 A : 3만원/3시간 = 1만원/시간
- 제품 B : 1만원/2시간 = 0.5만원/시간
- 제품 C : 2만원/1시간 = 2만원/시간

정답 ③

14. 이 경우에는 기계시간을 효율적으로 이용해야 한다.

기계시간 1시간당 공헌이익

- 제품 A : 3만원/2시간 = 1.5만원/시간
- 제품 B : 1만원/1시간 = 1만원/시간
- 제품 C : 2만원/2시간 = 1만원/시간

정답 ①

기초문제

01. ◈ 제한시간 : 4분

① MO ② DM ③ DL ④ MO ⑤ MO
⑥ MO ⑦ MO ⑧ DM ⑨ MO ⑩ MO

02. ◈ 제한시간 : 7~10분

	모터 수량	단위원가	원 가
원재료	200 - 140 = 60	₩460	₩27,600
재공품	140 × 10% = 14	₩460	6,440
완성품	(140 × 90%) - 100 = 26	₩460	11,960
매출원가	100	₩460	46,000
	합 계		₩192,000

03. ◈ 제한시간 : 5~7분

원재료 재고, 3월 1일	₩43,000
원재료 매입(₩140,000 + ₩52,000)	192,000
사용가능한 총원재료	₩235,000
차감 : 원재료 재고, 3월 31일	(41,000)
직접재료원가 사용액, 3월 중	₩194,000

주) 외상대금 지급은 직접재료원가 사용액 계산과 무관하다.

04. ◈ 제한시간 : 3~5분

직접재료원가(5 × ₩30)	₩150
직접노무원가(12 시간 × ₩15)	180
제조간접원가(12 시간 × ₩9)	108
총 작업(K67) 원가	₩438

05. ◈ 제한시간 : 5~8분

	P1	P2	소 계
부문별 제조간접원가	₩240,000	₩480,000	₩720,000
직접노무원가	400,000	600,000	1,000,000
배부율	60%	80%	72%

1) 공장전체 제조간접원가 배부율 : ₩720,000/₩1,000,000 = 72%

2) 부문별 제조간접원가 배부율 : P1 60% ; P2 80%

3) 작업 #506에 배부되는 제조간접원가(부문별 배부율 사용) : ₩410,000

	직접노무원가	×	배부율	=	배부액
P1	₩150,000	×	60%	=	₩90,000
P2	400,000	×	80%	=	320,000
					₩410,000

4) 작업 #506에 배부되는 제조간접원가(공장전체 배부율 70% 사용) : ₩385,000

	직접노무원가	×	배부율	=	배부액
P1	₩150,000				
P2	400,000				
합계	₩550,000	×	70%	=	₩385,000

06. ◈ 제한시간 : 3~5분

1) 당기 제품제조원가 = 당기총제조비용(₩700 + 400 + 500) + 기초재공품(₩300)
- 기말재공품(₩400) = ₩1,500

2) 매출원가 = 제품제조원가(₩1,500) + 기초제품(₩900) - 기말제품(₩600)
= ₩1,800.

07. ◈ 제한시간 : 7~10분

1) 순이익 = 순매출 - 총변동비 - 총고정비

= ₩2,100,000 - [₩500,000 + ₩300,000 + ₩350,000 + ₩90,000 + ₩20,000] - [₩275,000 + ₩70,000 + ₩50,000] = ₩445,000

2) 판매 단위수 = ₩2,100,000/₩500 = 4,200

변동원가/단위 = [₩500,000 + ₩300,000 + ₩350,000 + ₩90,000 + ₩20,000]/4,200 = ₩300

BEP(단위수) : (₩500 - ₩300)X - ₩395,000 = 0

따라서, X = 1,975

BEP(금액) : 1,975 × ₩500 = ₩987,500

08. ◈ 제한시간 : 7~10분

1) 공헌이익/단위 = (₩60,000 - ₩30,000)/3,000단위 = ₩10/단위

2) 매출액 - 변동원가 - 고정원가 = ₩33,000

10X - 3X - (25,000 + 12,000) = 33,000

따라서, X = 10,000단위

09. ◈ 제한시간 : 4~5분

매출수익 증가분	-₩22,000
원가 증가분 :	
변동원가 축소(savings)	+15,000
직접고정원가 감소(savings)	+1,000
중단 시 순이익의 변동액	-₩6,000

10. ◈ 제한시간 : 5분

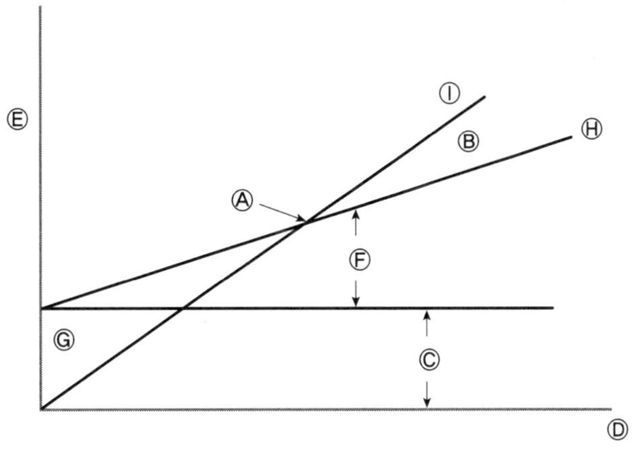

①	B	이익	②	I	총수익(매출액)
③	H	총원가	④	F	변동원가
⑤	D	활동기준	⑥	A	손익분기점(BEP : break-even point)
⑦	E	금액	⑧	C	고정원가
⑨	G	손실			

11. ◈ 제한시간 : 5~7분

제작원가 - 구입원가 = 증분(incremental)원가

(₩2,400 - ₩300) - ₩1,800 = ₩300 = 단위당 증분원가.

제작의 증분원가 = ₩300 × 5,000단위 = ₩1,500,000.

칼멜(주)은 단위당 ₩300을 절약하기 위해 외부에서 구입해야 한다.

12. ◈ 제한시간 : 12분

Ⅰ. 영업자산(투자액)	₩5,000,000
Ⅱ. 영업이익	₩1,200,000
Ⅲ. 최소필수이익률	20%
Ⅳ. 영업자산 × 최소필수이익률	₩240,000
1) 투자이익률(= II / I)	24%
3) 잔여이익(= II - IV)	₩960,000

2) ROI = 영업이익/평균영업자산 = 영업이익/매출액 × 매출액/평균영업자산

= 매출액이익률 × (영업)자산회전율

= ₩1,200,000/₩15,000,000 × ₩15,000,000/₩5,000,000

= 8% × 3 = 24%

심층문제

01. ◈ 제한시간 : 10~12분

1)

백서(주)

제조원가명세서(또는 손익계산서 일부)

20×6년 6월

기초 재공품			₩38,100
직접재료원가 :			
기초 원재료	₩13,000		
원재료 매입	369,000		
사용가능한 총원재료	₩382,000		
기말 원재료	(12,000)		
직접재료원가 사용액		₩370,000	
직접노무원가		188,000	
제조간접원가		102,000	
(당기)총제조원가			660,000
차감 : 기말 재공품			(35,400)
제품제조원가			₩662,700

2)

유동자산	
원재료 재고	₩12,000
재공품 재고	35,400
제품 재고	18,000
총 재고자산	₩65,400

02. ◈ 제한시간 : 9~12분

1)

모현(주)

제조원가 명세서

20×6년 1월 1일 ~ 12월 31일

재공품, 1월 1일		₩6,300
직접재료원가	₩140,400	
직접노무원가	76,000	
제조간접원가 배부액	84,000	
당기총제조원가		300,400
재공품 총원가		₩306,700
차감 : 재공품, 12월 31일		(7,700)
제품제조원가		₩299,000

2)

모현(주)

손익계산서서(부분)

20×6년 1월 1일 ~ 12월 31일

매출액		₩570,000
매출원가		
제품, 1월 1일	₩12,000	
제품제조원가	299,000	
판매가능제품 원가	₩311,000	
제품, 12월 31일	(11,000)	
매출원가		(300,000)
매출총이익		₩270,000

03. ◈ 제한시간 : 8~12분

1) 직접노무원가에 대한 비율로서의 예정배부율 : ₩600,000 ÷ ₩1,200,000 = 50%
   직접노동시간당 원가로서의 예정배부율 : ₩600,000 ÷ 120,000 = ₩5.00/시간
   사용 기계시간당 원가로서의 예정배부율 : ₩600,000 ÷ 60,000 = ₩10.00/기계시간

2) <u>직접노무원가 기준에 의한 20×6년 중 제조간접원가 배부액</u> :
   ₩1,218,000 × 0.5 = ₩609,000

   <u>직접노동시간 기준에 의한 20×6년 중 제조간접원가 배부액</u> :
   116,000 × ₩5.00 = ₩580,000

   <u>사용 기계시간기준에 의한 20×6년 중 제조간접원가 배부액</u> :
   58,000 × ₩10.00 = ₩580,000

3) 회계기간 도중에 작업의 원가를 아는 것이 중요하므로, 제조간접원가를 배부한다. 만일 회사가 실제 발생하는 제조간접원가를 사용한다면, 실제원가를 계산, 파악하기 위해서는 회계기간 말까지 기다려야 한다. 이익을 내기 위해 생산공정을 변경하거나 원가를 수정하는 데에 이 시점은 이미 너무 늦어버릴 가능성이 크다.

04. ◈ 제한시간 : 10분

제조간접원가 배부율 : ₩126,000 ÷ ₩140,000 = 90%

주문 A	주문 B
a + ₩140,000 + ₩126,000 = ₩480,000 a = ₩214,000	₩280,000 × 90% = d = ₩252,000
₩480,000 + b = ₩600,000 b = ₩120,000	₩206,000 + ₩280,000 + ₩252,000 = e = ₩738,000
₩600,000 - c = ₩410,000 c = ₩190,000	₩738,000 + ₩90,000 = f = ₩828,000
	₩828,000 - ₩80,000 = g = ₩748,000

05. ◈ 제한시간 : 5~20분

1) 단위당 공헌이익 = ₩20 - 11 - 3 = ₩6.

2) (₩360,000 + ₩252,000)/₩6 = ₩612,000/₩6 = 102,000단위.

3) (₩612,000 + ₩90,000)/₩6 = ₩702,000/₩6 = 117,000단위.

4) ₩6 × 180,000 = ₩1,080,000.

5) A = 추가로 얻게 되는 총이익 : 40,000단위 × (₩15 - (11 + 1)) = ₩120,000.
B = 기존매출로부터 얻고 있는 공헌이익이 포기되는 부분(즉, 기회비용) :
= 10,000단위 × ₩6 = ₩60,000.
따라서, 변화될 순이익 = A - B = ₩60,000(증가).

6) (₩612,000 + ₩120,000)/₩(6 + 3) = ₩732,000/₩9 = 81,333단위.

06. ◈ 제한시간 : 10~12분

1) 수석 엔지니어는 원가(특히 관련원가)를 잘못 이용하여 오도된 결론을 내리고 있다. 자가생산을 함으로써 추가 부담되는 원가(관련원가)만을 자가생산 원가에 포함해야지, 감가상각비나 임차료는 자가생산 때문에 부담되는 원가가 아니므로 제외해야 한다. 가나공업은 ₩2,000,000만큼 더 이익을 볼 수 있기 때문이다. 따라서 관련원가(relevant cost)는 ₩790(= 직접원가 ₩580 + 변동제조간접원가 ₩60 + 노무감독원가 ₩150)이 된다. 결국, 스타터 40,000단위를 자가(自家)생산하게 되면, 외부구입하는 것보다 ₩2,000,000(= 40,000단위 × (₩840 - ₩790)) 더 유리해진다.

2) 자가생산의 결정과 관련하여, 위의 원가 이외에도, ① 외부구입 제품과 같은 품질이 유지될 수 있는지 고려해야 하고, ② 외부구입 시보다 제품의 공급이 더 안정적으로 공급될 수 있는지, ③ 제품의 소요량의 변화에 대해 경제적 부담을 최소화하면서 생산조절을 탄력적으로 할 수 있는지 등을 고려해야 한다.

제 13 장 세무회계의 기초

객관식

01. 수출입과의 관련성 여부에 따라 관세와 내국세로 분류.
조세의 사용용도 지정여부에 따라 목적세와 보통세로 분류.
과세권자에 따라 국세와 지방세로 분류.

정답 ④

02. 이것은 간접세가 무엇인지 묻는 것이다. ① 법인세, 상속세는 소득세, 증여세와 함께 대표적인 직접세이고, ③ 취득세, 등록세는 지방세로서 간접세가 아니며, ④의 인지세는 간접세이지만 자동차세는 직접세인 지방세이다.

정답 ②

03. ① 익금은 유상증자를 제외하고 순자산을 증가하는 거래에서 나타나는 금액이다.
② 익금총액 - 손금총액 = 법인소득, 당기순이익 = 총수익 - 총비용.
③ 손금은 재무회계에서 원가(cost)가 아니라 비용(expense)과 대응되는 개념이다.

정답 ④

04. ② 각 사업연도 소득 = 총익금 - 총손금. 여기서 다시 이월결손금, 비과세소득 및 소득공제를 차감한 것은 과세표준이다.

③ 세무조정이란 당기순이익에서 출발하여 각 사업연도 소득을 계산하는 과정이다.

④ 우리나라의 법인 중 중소기업만이 결손금을 전년도 소득에서 소급공제하여 전년도에 이미 납부한 세금을 환급받을 수 있다.

정답 ①

05. 언급된 항목은 손금불산입 항목으로서, 당기순이익에 가산하는 세무조정이 필요하다.

정답 ①

06. 가급적 조세부담을 줄이려는 기업으로부터 조세확보 및 바람직한 국가정책을 추진하려는 세무당국은 가급적 익금으로 산입하고 손금을 인정하지 않으려(손금불산입) 할 것이다. 그러나 현실적으로 익금산입 항목에 속하는 것은 매우 드물다. 동일한 논리에서 가장 적은 항목이 있게 되는 세무조정항목은 익금불산입(기업은 수익으로서 익금을 바라는데 익금으로 인정되지 않은 경우)과 손금산입(기업으로서는 비용이 아니어서 손금으로 인정받지 않으려는데 손금으로 인정되는 경우)일 것이다.

정답 ④

07. ① 비종합소득, ④ 개별과세소득 등의 세법상 용어는 없다.

② '분리과세' 는 과세유형으로서 사용되는 용어. 해당소득이 종합소득의 하나이지만 일정한 조건의 경우에 다른 소득과 합하여 과세하지 않고 특정 항목소득에 일정한 세율로 세금을 계산하여 원천징수하는 것을 말한다.

③ 분류과세소득 : 종합소득(이자소득, 배당소득, 부동산임대소득, 사업소득, 근로소득, 연금소득, 기타소득)에 포함시키지 않고 따로 떼어서 각각 별도로 세금이 부과되는 소득. 퇴직소득, 양도소득.

정답 ③

08. 지문은 연말정산과 관련한 것이다. 분리징수란 세무용어는 없다.

정답 ②

09. a, b에는 종합소득이, c에는 분류과세소득이 들어간다.

분류과세소득 : 퇴직소득, 양도소득

종합소득 : 문제에서 열거된 것 외에, 배당소득, 사업소득, 근로소득이 있다.

정답 ①

10. 근로소득자의 경우, 다른 종합소득이 없으면,

과세표준 = 근로소득금액 - 인적공제 - 특별공제 등.

근로소득금액 = 총급여액 - 근로소득공제.

정답 ④

고완석

현, 한국외국어대학교 명예교수

경영학박사, 미국 오하이오 주립대학교

경영학사, 서울대학교

한국외국어대학교 교수

미국 퍼듀대학교 교수, 미국 워싱턴주립대학교(Univ. of Washington, 시애틀) 연구교수

미국 텍사스주립대학교(댈러스) 연구교수

한국회계기준원, 회계기준위원회 위원

한국관리회계학회 회장, 한국회계기준원 자문위원

공인회계사 출제위원

행정고시 · 세무사 시험위원

기획재정부 · 정부투자기관 경영평가위원

제5판

한국채택국제회계기준(K-IFRS) 반영

회계원론 연습문제 해답집

초판 1쇄 발행 2017년 3월 7일

초판 4쇄 발행 2022년 2월 2일

지은이 고완석

펴낸이 박기남

펴낸곳 **율곡출판사**

08590 서울시 금천구 가산디지털1로 84(에이스하이엔드 8차), 803호

전화 (代) 02) 718-9872/3

팩스 02) 718-9874

home-page www.yulgokbooks.co.kr

e-mail yulgokbook@naver.com

등록 1989.11.10. 제2014-000031호

ISBN 979-11-87897-06-4 93320

정가 5,000원